ÉPISTÉMOLOGIE DU SYNDICALISME

Construction disciplinaire de l'objet syndical

ISBN : 2-7475-8549-2
EAN : 9782747585491

Sous la direction de
VINCENT CHAMBARLHAC,
GEORGES UBBIALI

ÉPISTÉMOLOGIE DU SYNDICALISME

Construction disciplinaire de l'objet syndical

L'Harmattan
5-7, rue de l'École-Polytechnique
75005 Paris
FRANCE

Harmattan Könyvesbolt
1053 Budapest,
Kossuth L. u. 14-16
HONGRIE

L'Harmattan Italia
Via Degli Artisti 15
10214 Torino
ITALIE

Logiques Sociales

Collection dirigée par Bruno Péquignot

En réunissant des chercheurs, des praticiens et des essayistes, même si la dominante reste universitaire, la collection *Logiques Sociales* entend favoriser les liens entre la recherche non finalisée et l'action sociale.

En laissant toute liberté théorique aux auteurs, elle cherche à promouvoir les recherches qui partent d'un terrain, d'une enquête ou d'une expérience qui augmentent la connaissance empirique des phénomènes sociaux ou qui proposent une innovation méthodologique ou théorique, voire une réévaluation de méthodes ou de systèmes conceptuels classiques.

Déjà parus

M. FALCOZ et M. KOEBEL (Sous la dir.), *Intégration par le sport: représentations et réalités*, 2005;

L. OLIVIER, G. BÉDARD, J. FERRON, *L'élaboration d'une problématique de recherche. Sources, outils et méthode*, 2005.

Stéphane BELLINI, *Des petits chefs aux managers de proximité,* 2005.

Jean-Marc POUPARD, *Les centres commerciaux, de nouveaux lieux de socialité dans le paysage urbain*, 2005.

Pascal LARDELLIER (dir.), *Des cultures et des hommes*, 2005.

PAPADOPOULOS Kalliopi, *La crise des Intermittent-e-s. Vers une nouvelle conception de la culture ?*, 2005.

L. VIDAL, A. S. FALL & D. GADOU, *Les professionnels de santé en Afrique de l'Ouest*, 2005.

R. BERCOT et F. de CONINCK, *L'Univers des services*, 2005 ;

Constance DE GOURCY, *L'autonomie dans la migration*, 2005.

M.F. LOUBET-GROSJEAN, *Chômeurs et bénévoles. Le bénévolat de chômeurs en milieu associatif en France*, 2005.

Denis BOUGET et Serge KARSENTY (sous la dir.), *Regards croisés sur le lien social*, 2005.

Isabelle PAPIEAU, *Portraits de femmes du faubourg à la banlieue,* 2004.

Anne-Marie GREEN (dir.), *La fête comme jouissance esthétique*, 2004.

TABLES DES MATIERES

Introduction

Le syndicalisme face aux sciences sociales

Vincent CHAMBARLHAC

Georges UBBIALI

Université de Bourgogne, IHC-UMR 5605

Cette réflexion sur le syndicalisme s'inscrit dans le chantier plus vaste des recherches entreprises au sein de l'Institut d'Histoire Contemporaine de l'Université de Bourgogne (IHC-UMR CNRS 5605) sur le mouvement ouvrier, les organisations politiques et syndicales. La publication des actes du colloque de décembre 2000 à Dijon « Les syndicalismes en Europe » constitue l'une des premières formalisations de ces recherches dans le domaine syndical[1] ou la publication plus ancienne de travaux en partenariat avec l'Institut d'Histoire Sociale-CGT[2]. Sa problématique envisageait le syndicalisme *à l'épreuve* de l'Histoire, de l'Etat, de l'International.

La dimension probatoire se retrouve dans l'intitulé de la journée d'étude à l'origine du présent numéro[3], « *Construction*

---

[1] REGIN (Tania), WOLIKOW (Serge), dir., *Les syndicalismes en Europe. Vol. 1, A l'épreuve de l'histoire ; Vol. 2, A l'épreuve de l'Etat ; Vol. 3, A l'épreuve de l'international,* Paris, Syllepse, 2002.

[2] WOLIKOW (Serge), ss. dir., *Syndicats et société. La Grande Bretagne et l'Allemagne*, IHS-CGT/IHC, 1998, 136 p. et *Syndicats et société. Espagne, Italie*, IHS-CGT/IHC, 1999, 208 p.

[3] Le texte de Francine SOUBIRAN-PAILLET est une commande consécutive à la journée d'études. Par ailleurs, le texte de Claudio

disciplinaire de l'objet syndical ». Le regard est autre, il n'examine pas le syndicalisme au filtre des sciences sociales[1], mais ces dernières au titre de la construction de l'objet syndical. Le syndicalisme s'aborde ici de manière oblique. Emergent alors des méthodes et des postulats clairement domiciliés au sein des discours disciplinaires qui, s'ils n'exposent pas des facettes de l'objet syndical irréductibles les unes aux autres, nourrissent le dialogue interdisciplinaire de quiproquo et d'hiatus. Leur repérage et la volonté de les élucider animèrent l'ensemble des débats de la journée. Chacune des communications présentées porte la trace, dans sa réécriture, de ces discussions. Toutes s'adossent à l'ossature des difficultés communes des chercheurs en sciences sociales face à l'objet syndical.

Le syndicalisme, un objet en commun ?

La première difficulté naît des sciences sociales. Toutes les disciplines considèrent le syndicalisme dans leur champ de compétence ; *a priori* aucune approche n'est exclue. Les études littéraires, la géographie, la lexicographie, les études cinématographiques, la linguistique ou la lexicographie, pour ne rien dire -peut-être- de la musicologie ou, plus iconoclaste encore de la psychanalyse, peuvent se saisir du syndicalisme comme objet d'études. Certaines l'ont d'ailleurs montré[2]. Plus classiquement, on a convoqué ici les disciplines qui ont travaillé

BATAHLA de l'Université de Campinas – UNICAMP (Brésil) présenté à la journée d'études n'a pas été repris ici. Il est consultable sur le site de l'IHC : http://tristan.u-bourgogne.fr. René MOURIAUX a également été sollicité pour écrire une postface.

[1] Il se démarque ainsi du travail de LABBE (Dominique), COURTOIS (Stéphane), *Regard sur la crise du syndicalisme*, Paris, L'Harmattan, 2001.

[2] Par exemple, le passionnant ouvrage de lexicographie de HETZEL (Anne-Marie), LEFEVRE (Josette), MOURIAUX (René), TOURNIER (Maurice), *Le syndicalisme à mots découverts : dictionnaire des fréquences (1971-1990)*, Paris, Syllepse, 1998 ou encore les articles publiés au fil des années dans la revue *Mots*, en particulier le numéro 71 de mars 2003.

en profondeur le syndicalisme : l'histoire (Stéphane Paquelin et Serge Wolikow), la sociologie (Georges Ubbiali), les sciences politiques (Sophie Béroud), le droit (Francine Soubiran-Paillet), l'économie (Guy Caire), auxquelles ont été ajoutées l'ethnologie (Noëlle Gérôme), les sciences de gestion (Françoise Pierson) et la psychosociologie (Jean Vincent).

Néanmoins, la floraison de ces approches qui imposa un choix sans doute arbitraire, car lié aux conditions d'exercice de la journée, masque l'une des caractéristiques les plus fortes de l'objet syndical dans le champ des sciences humaines, sa marginalité relative. Elle est d'abord contextuelle, corrélée aux effets de la chute du communisme en Europe orientale, puis en URSS. L'horizon libéral colore les axes de recherche, le syndicalisme devenant peu à peu un hors-champ d'une réflexion qui naguère, sous les auspices structurels de la guerre froide et du marxisme dans les sciences humaines, le liait davantage au politique. Pour toutes ces raisons, le syndicalisme paraît second, sinon secondaire, dans l'ordre des préoccupations heuristiques[1]. Il est plus souvent l'un des éléments d'une étude conduite sous d'autres problématiques. Ainsi, dans le cadre de la science politique repéré par Sophie Béroud, son étude se noue fréquemment à celle des politiques publiques ou dans sa variante des relations industrielles repérée dans la contribution de Georges Ubbiali. Derechef, la construction disciplinaire de l'objet syndical se tamise de ces problématiques annexes, rendant plus complexe le dialogue interdisciplinaire. Ce dernier doit par ailleurs compter avec les dissertations médiatiques sur

[1] Ainsi Marcelle Stroobants note-t-elle dans son bilan de trente ans de la revue *Sociologie du travail* que « *Malgré son déclin, le syndicalisme résiste au temps, au même titre que les « relations industrielles » et les « mouvements sociaux ». Toutefois, le nombre d'articles correspondant diminue très nettement* », p. 122, STROOBANTS (Marcelle), *Sociologie du travail*, Paris, Nathan, 1993. Sophie Béroud, dans ce volume, aboutit aux mêmes conclusions pour la *Revue française de science politique*.

la *fin du syndicalisme*[1]. Le terme procède de l'économie du discours sur la *fin de l'histoire*, lui aussi arrimé au contexte de l'après 1989. La désaffection des adhérents des grandes centrales syndicales françaises, la division même du champ syndical constituent de la sorte autant de signes convoqués pour étayer la thèse d'un syndicalisme en crise, sinon moribond[2]. Pourtant le mort saisit le vif de la société au détour de l'automne 1995[3], à la faveur des plans sociaux et des réformes ou contre-réformes prônées depuis. Ce « retour » du fait syndical questionne, d'autant qu'il se mâtine de formes et de thématiques nouvelles de l'action, d'autant qu'il procède de reconfigurations en cours du champ et du discours syndical. Cette nouvelle donne, si elle ne fait pas « événement » dans les sciences humaines, travaille néanmoins celle-ci. Les initiatives sont diverses, parfois venues des acteurs syndicaux eux-mêmes questionnant leurs racines, leurs discours[4] ou leurs pratiques[5]. Dans leur pluralité, elles proposent des réponses aux sollicitations du présent, recoupent les questions d'histoire sociale comme les préoccupations patrimoniales, économiques ou politiques[6].

---

[1] Cette thématique est devenue si commune au cours des années 90 qu'elle fut l'objet de concours de recrutement de la fonction publique et même du Capes de sciences économiques et sociales.

[2] Au point que l'inévitable produit éditorial synthétique sur la question est publié par BAUMARD (Maryline), BLANCHOT (Michel), *Crise du syndicalisme*, Paris, Hatier, 1991.

[3] BEROUD (Sophie), MOURIAUX (René), dir., *Le souffle de décembre. Le mouvement social de 1995 : continuités, singularités, portées*, Paris, Syllepse, 1997.

[4] Outre le colloque tenu à l'Université de Bourgogne précédemment cité (note 1), *cf.* le séminaire tenu à l'Institut d'Histoire Sociale de la CGT sur la parole ouvrière : BEROUD (Sophie), REGIN (Tania), dir., *Le roman social. Littérature, histoire et mouvement ouvrier*, Paris, Ed. Atelier, 2002. p 103-114.

[5] DUCHESNE (Françoise), VAKALOULIS (Michel), dir., *Médias et luttes sociales*, Paris, Ed. Atelier, 2003.

[6] La contribution de Noëlle Gérôme évoque les nombreux travaux de recherches en ethnologie portant sur le syndicalisme.

Evoquer de manière interrogative le syndicalisme comme objet en commun cerne ce premier état paradoxal du fait syndical dans le domaine des sciences sociales. Les recherches entreprises apparaissent marginalisées dans les champs disciplinaires ; la raison en est sans doute institutionnelle. Elle touche aux effets de laboratoires et à la relative désaffection de l'intérêt porté au mouvement ouvrier hors le champ des *communism studies*. Les défis auxquels le syndicalisme français paraît confronté (montée de la précarité, chômage, individuation ouvrière...) offrent de nouvelles pistes de recherches. La réflexion épistémologique sur l'objet syndical ne saurait alors faire l'impasse sur ces effets dans le domaine des concepts et des problématiques des recherches en cours. Le syndicalisme constitue l'objet scientifique d'une communauté de chercheurs ; les préoccupations sont communes mais les approches différentes. Nous nous situons alors au cœur des enjeux de ces communications : donner à voir à l'Autre, venu d'une discipline voisine, la fabrique de l'objet syndical.

Les fabriques de l'objet syndical.

Le passage du singulier au pluriel marque les difficultés ressenties lors des communications. Il souligne les spécificités disciplinaires, désarticule le confortable sentiment d'unité sémantique affiché par le terme syndicalisme, qu'il soit, ou ne soit pas, assorti de la réserve prudente d'un pluriel. Les discordances existent au sein de chaque discipline. Elles sont de plusieurs ordres et juxtaposent aux préoccupations des chercheurs les modes d'écriture disciplinaire, les matériaux enjoints par chacune des sciences sociales à leur praticien. Evoquons brièvement ces trois massifs.

Ces discordances naissent de l'intérêt des chercheurs pour tel ou tel aspect du syndicalisme. L'analyse des modes d'implantations voisine avec l'attention portée à la subversion de l'espace par le syndicalisme (la manifestation, l'usine), au personnel syndical, à la grève[1]... La multiplicité de ces approches implique la pluralité des modes de construction de l'objet syndical. Ce court panorama se complique simultanément du jeu de la tension organisatrice du fait syndical entre mouvement social et facteur d'intégration sociale[2]. Une claire définition de l'objet syndical passe alors par l'exposition des préoccupations et des intérêts du chercheur ; l'usage les maintient bien souvent dans l'ordre de l'implicite. La construction de l'objet syndical passe alors par une déconstruction des méthodes employées dès lors qu'elles se soumettent à l'impératif de l'interdisciplinarité. Chacune des contributions d'objets paraît différenciée. Aucune des approches des sciences humaines ne spécifie sa construction par la méthode employée. L'analyse des archives, l'usage de l'entretien ou du questionnaire, le recours à la modélisation, entre autres, constituent autant de techniques transversales aux discours analytiques. L'implicite de leur mise en œuvre en tait les effets négatifs pour qui souhaite transférer un modèle disciplinaire dans un autre champ. Forçant le trait nous pourrions écrire que le syndicalisme se construit davantage dans une approche disciplinaire par les techniques et les questionnements qui lui sont imposés qu'en tant qu'objet déjà-là qu'il s'agirait alors d'examiner. Aussi n'est-ce pas non plus le rapport à une des dimensions du syndicalisme qui permettrait de caractériser l'approche disciplinaire. Certes, il existe des affinités entre telle ou telle dimension du syndicalisme et son appréhension savante. Ainsi les conventions collectives figurent assez spontanément du côté du droit, la grève à proximité de la sociologie, la construction des organisations est volontiers l'objet de l'histoire, l'usage des symboles relève volontiers de la compétence de l'ethnologue. Cependant, fondamentalement, aucune de ces dimensions n'échappe par nature à une

---

[1] Pour se borner brièvement au seul domaine de l'histoire contemporaine, on évoquera HASTINGS (Michel), *Halluin la rouge*, Lille, PUL, 1991 ; ANDOLFATTO (Dominique), LABBE (Dominique), *La CGT, audience et organisation depuis 1945,* Paris, La Découverte, 1997 ; SIROT (Stéphane), *La grève en France. Une histoire sociale (XIXe-XXe siècle)*, Paris, Odile Jacob, 2002

[2] *Cf.* la contribution de Georges Ubbiali dans ce volume.

discipline. Chacun de ces angles d'approche se retrouve (avec des variations dans le temps et l'espace) dans l'appréhension disciplinaire du syndicalisme.

La formule de « fabriques de l'objet syndical » rend compte de ces nombreuses remarques. Précisons : elle ne saurait souligner les travers de l'interdisciplinarité pour mener au relativisme, à l'horizon clos d'une seule discipline. Cet ensemble de textes est une invitation à découvrir et parcourir la diversité des approches du syndicalisme, brisant les repères d'une délimitation épistémologique restreinte. Il s'agirait, reprenant la formule de Gérard Noiriel, de *penser avec* ou de *penser contre*[1] telle ou telle de ces approches. Dans ce jeu la construction de l'objet syndical sortirait renforcée, dépassant le contexte contemporain de crise, d'un intérêt moindre de la part du monde académique. Les communications présentées ici démontrent, s'il en était besoin en 2004 après la phase gréviste la plus importante depuis Mai 68, que cet intérêt demeure précieux pour qui souhaite appréhender le mouvement social, syndical. René Mouriaux revient sur cette perspective dans sa postface.

Chaque auteur a par ailleurs proposé en plus de la bibliographie de sa contribution une bibliographie additionnelle permettant aux lecteurs de prolonger ses réflexions et recherches.

---

[1] NOIRIEL (Gérard), *Penser avec, penser contre. Itinéraire d'un historien,* Paris, Belin, 2003.

Chapitre 1

Le syndicalisme construit par la science politique

Sophie BEROUD

Université Lyon II

« *Toute la 'science politique' n'a jamais consisté qu'en un certain art de renvoyer à la classe dirigeante et à son personnel politique sa science spontanée de la politique, parée des dehors de la science* »[1]. Peut-être faut-il y repérer un effet de l'assimilation du syndicalisme à un contre-pouvoir ou bien convient-il d'invoquer la distance – à quelques exceptions près – qui sépare y compris les plus hauts responsables des confédérations syndicales des hauts fonctionnaires issus de l'ENA, mais un constat s'impose : la science politique n'a jamais jugé opportun, dans son expression majoritaire, d'élever l'objet syndical au rang de thème d'étude central.

La critique énoncée par Pierre Bourdieu se veut, à dessein, expéditive : toute la science du politique, discipline qui a pris son autonomie par rapport au droit et qui affirme aussi son originalité au regard de la sociologie, ne se réduit pas à des discours de salon. En raison même de l'histoire de sa construction et des lieux de production universitaire dont elle dépend, la science politique a recouvert des objets d'études auxquels elle a attribué plus ou moins d'importance et qui ont été, dès lors, plus ou moins légitimés dans l'univers fermé de la discipline. Thème de recherche qui n'a jamais bénéficié de cette

---

[1] BOURDIEU (Pierre), *Interventions, 1961-2001, Science sociale et action politique*, Marseille, Agone, 2002, p. 84.

valorisation académique, l'étude des organisations syndicales n'entre pas, en retour, dans les stratégies universitaires de celles ou ceux qui entendent, avant tout, « faire carrière ». De ce point de vue, travailler sur le phénomène syndical revient pour un politologue ou un politiste contemporain – mais nous verrons combien l'affirmation résiste à l'examen du passé – à se situer en marge des positions institutionnelles dominantes, et ce d'autant plus s'il prétend s'appuyer sur des paradigmes rejetés et combattus par les tenants du *main stream*[1].

Nous adopterons ici une démarche chronologique afin de mieux rendre compte de la façon dont les modes de construction et de légitimation de la science politique se reflètent sur le traitement de l'objet syndical. Ce parcours dans l'histoire de la discipline et dans l'histoire des études politologiques sur le syndicalisme nous permettra, *in fine*, de questionner l'originalité du regard porté, depuis les rives d'une discipline particulièrement hybride, sur ce phénomène social.

I. *Un intérêt forcé et marginal pour la « question sociale »*

Rendre compte de la façon dont la science politique aborde l'objet syndical et élabore des outils théoriques pour analyser ce dernier impose, au préalable, de rappeler les bases sur lesquelles s'est constituée la discipline. À la suite de Pierre Favre, il est possible de distinguer trois grandes étapes dans le développement de la science politique en France[2]. La première s'étend de 1871 à 1914, mais peut être prolongée jusqu'à la Seconde guerre mondiale. La fondation de l'Ecole libre des sciences politiques, au lendemain de la défaite de 1870, répond à l'objectif d'assurer une formation appropriée pour le

[1] MOURIAUX (René), « Inconfort et stimulant d'être marxiste en science politique », *in* VAKALOULIS (Michel), VINCENT (Jean-Marie), dir., *Marx après les marxismes*, Paris, L'Harmattan, 1997, tome 2, pp. 161-187.

[2] FAVRE (Pierre), « Histoire de la science politique » *in* GRAWITZ (Madeleine), LECA (Jean), *Traité de science politique*, Paris, PUF, vol. 1, 1985, pp. 3-45. Par souci de rigueur, nous n'aborderons dans cet article que le cas français.

renouvellement des élites dirigeantes. Les enseignements qui sont alors proposés rue Saint Guillaume relèvent moins d'une réflexion dans le domaine du politique que de l'aspiration à trouver « une solution à la crise d'autorité et de légitimité des élites politiques et sociales »[1]. Une orientation à la fois positiviste et libérale prédomine, au travers de l'influence exercée par Emile Boutmy, grand admirateur d'Hippolyte Taine[2], et par Anatole Leroy-Beaulieu. La science politique française se constitue en liaison étroite avec le droit public. De façon conséquente, les phénomènes politiques sont compris comme autant de dimensions relatives au fonctionnement de l'Etat. La variété des cours témoigne cependant d'une relative diversité, corollaire à la compréhension large, générique, du contenu des sciences politiques[3]. Dans cet espace académique à la fois pluridisciplinaire (économie, droit administratif, histoire, etc.) et en même temps peu défini, des enseignements tels que celui d'Elie Halévy sur l'histoire du socialisme (cours institué en 1898)[4] et celui de Maxime Leroy dans les années 1930 sur l'histoire des idées sociales en France[5] ont le mérite d'exister, mais occupent une position périphérique.

Maxime Leroy, surtout, peut être considéré comme l'un des précurseurs dans l'université des études sur le syndicalisme,

---

[1] DAMAMME (Dominique), « D'une école des sciences politiques », *Politix*, n° 3/4, automne 1998, p. 6. Du même auteur : « Genèse sociale d'une institution scolaire : l'Ecole libre des sciences politiques », *Actes de la recherche en sciences sociales*, n° 70, 1987, pp. 31-46.

[2] FAVRE (Pierre), « Boutmy et l'Ecole libre des sciences politiques », *Revue française de sociologie*, 1981, XXII, pp. 429-465.

[3] Cette compréhension générique est celle-la même qui a présidé, un siècle plus tôt, en 1795, à la fondation de l'Académie des sciences morales et politiques.

[4] HALEVY (Elie), *Histoire du socialisme européen (rédigée d'après des notes de cours par un groupe d'amis et d'élèves)*, Paris, Gallimard, 1948, 367 p.

[5] LEROY (Maxime), *Histoire des idées sociales en France*, Paris, Gallimard, t.1 *de Montesquieu à Robespierre*, 1946, 383 p. ; t. 2, *de Babeuf à Proudhon*, 1950, 547 p. ; t. 3, *d'Auguste Comte à P.-J. Proudhon*, 1954, 395 p.

avec des publications telles que *Les transformations de la puissance publique. Les syndicats de fonctionnaires* (1907), *Syndicats et services publics* (1910) et *La Coutume ouvrière* (deux volumes, 1913). Sa grille de lecture de la réalité syndicale découle d'une logique clairement inspirée par le droit public, même si dans un ouvrage comme *La Coutume ouvrière*, il s'efforce de couvrir un spectre de phénomènes assez large et s'intéresse à la grève, au fonctionnement de l'internationalisme ouvrier, ainsi qu'aux rouages du fédéralisme professionnel. La richesse de la démarche la rend assez inclassable : elle relève d'un choix personnel, en dehors de tout cadre de recherche collectif ou de tout programme d'enseignement systématisé.

Le traitement de la « question sociale » dans l'Ecole libre des sciences politiques, rendu incontournable par la montée en puissance du mouvement ouvrier, ne doit en fait sa concrétisation entre 1871 et 1939 qu'à des individualités qui réalisent des œuvres originales, à la croisée entre la philosophie politique et une conception extensible du droit public. Or, ces approches sont nécessairement lacunaires. Les travaux du disciple de Max Weber, Robert Michels, sur les tendances oligarchiques à l'oeuvre dans les organisations ouvrières, dont certains extraits sont pourtant publiés dans la revue *Le Mouvement socialiste* entre 1904 et 1914, sont ainsi largement ignorés au sein de l'Ecole et ne commenceront à être discutés, sur le plan académique, par Maurice Duverger, qu'après la Seconde guerre mondiale[1].

---

[1] Publié en allemand en 1911, l'ouvrage principal de Robert Michels, *Les partis politiques, essai sur les tendances oligarchiques des démocraties* sera traduit une première fois en français en 1914 avant d'être réédité en 1971 (Champs Flammarion). Les articles publiés dans la revue *Le Mouvement socialiste* ont été rassemblés par Pierre Cours-Salies et Jean-Marie Vincent *in* MICHELS (Robert), *Critique du socialisme, contribution aux débats au début du XXe siècle*, Paris, Kimé, 1992.

II. Démocratie industrielle vs *démocratie libérale*

Une deuxième période, de véritable institutionnalisation de la science politique en France en tant que discipline autonome, court de 1945 à la fin des années 1960. L'Ecole libre est nationalisée et devient l'Institut d'études politiques de Paris, chapeauté par la Fondation nationale des sciences politiques (FNSP). Une association française de science politique (AFSP) voit le jour en 1949, la *Revue française de science politique* (RFSP) en 1951 et le troisième cycle de science politique en 1956. Enfin, le Centre d'étude de la vie politique française (Cevipof) est constitué en 1960. Ces diverses institutions d'enseignement et de recherche confèrent une assise plus visible à ce qui demeure une science composite, constituée d'apports hétérogènes (droit, anthropologie, sociologie, etc.). La dénomination s'impose cependant et un ensemble de supports, des revues aux manuels, vient accréditer l'idée d'une discipline s'intéressant à des objets bien circonscrits dans l'univers des sciences sociales, à défaut de les posséder en propre. Trois grandes orientations balisent l'enseignement et la recherche : l'analyse des institutions, rameau du droit public, l'étude des systèmes de partis et des systèmes électoraux (avec l'apport de Jean Stoetzel sur les techniques de sondages), la théorie des relations internationales grâce à la notoriété des écrits de Raymond Aron et de Jean-Baptiste Duroselle.

L'intérêt porté au phénomène syndical, et plus largement au mouvement ouvrier, demeure très ponctuel. En 1948, le troisième cahier publié par la toute nouvelle Fondation des sciences politiques traite de « *La pensée syndicale française. Militants et théoriciens* ». Son auteur, Robert Goetz-Girey, professeur aux facultés de droit de Nancy et de Fribourg, se définit lui-même comme un économiste et entend se situer dans le sillage de Gaëtan Pirou. Dans cet écrit, il s'efforce de dresser un panorama des doctrines syndicales, distinguant deux options principales, celle du « syndicalisme autonome et révolutionnaire », celle du « syndicalisme intégré et constructeur ». Il est d'ailleurs curieux de constater qu'il juxtapose dans la description de la deuxième les organisations qui choisissent de s'adapter au capitalisme et celles qui entendent le dépasser, en intégrant soit un Etat corporatiste, soit un Etat socialiste. L'adoption de ce mode de classement le conduit à faire dépendre de la même matrice – l'intégration dans l'Etat - le syndicalisme réformiste, socialiste ou chrétien, le syndicalisme d'expression corporatiste, voire fasciste, et le syndicalisme de lutte des classes. En ce qui concerne les sources utilisées, Robert Goetz-Girey s'appuie aussi bien sur des ouvrages historiques (Edouard Dolléans, Georges Lefranc, Paul Louis, etc.) que sur des travaux économiques (François Perroux, Gaëtan Pirou, etc.) et juridiques (Léon Duguit). Au total, son étude présente une ambition synthétique – dimension qui sera présente dans des productions postérieures en science politiques – et s'apparente autant à une histoire des idées qu'à une sociologie des pratiques et des organisations.

La publication de ce cahier, dès 1948, aurait pu augurer d'un traitement plus systématisé de l'objet syndical dans le corpus en formation de la science politique française. Dans le contexte de l'après-guerre, alors que les droits sociaux sont venus compléter les droits politiques dans la Constitution de la IVe République, que l'instauration des comités d'entreprise assure une représentation nouvelle aux salariés, que le statut de la fonction publique, la nouvelle vague de nationalisations et la généralisation du système de protection sociale marquent l'avènement de l'Etat-Providence, les syndicats peuvent effectivement être considérés, selon la formule employée par Robert Goetz-Girey dans l'avant-propos son étude, « comme un élément essentiel des structures contemporaines » de la société. Ce qui revient à dire que l'angle de vue politologique se justifie par la nécessité de comprendre les modes d'institutionnalisation du pouvoir syndical au sein de la « démocratie industrielle », cette dernière étant profondément marquée par l'antagonisme entre le capital et le travail. Raymond Aron explore d'ailleurs cette voie dans ses *Dix-huit leçons sur la société industrielle* (1962), puis dans *La lutte des classes* (1964), même s'il ne s'agit pas pour lui d'accéder à une connaissance plus rationnelle du fait syndical mais de proposer une interprétation libérale de l'évolution du conflit de classe. Il avance l'hypothèse d'un affaiblissement des mouvements révolutionnaires dans des sociétés modernes lorsque celles-ci bénéficient d'une croissance économique de longue durée et connaissent un processus continu d'atténuation des inégalités. Une « satisfaction querelleuse » y remplacerait alors la confrontation directe entre la bourgeoisie et le prolétariat, le conflit pacifique visant une meilleure répartition des revenus et non un changement de régime économique[1].

Il est fort probable qu'une telle interprétation de la réalité sociale qui repose sur le postulat d'un embourgeoisement d'une partie de la classe ouvrière et suppose le renoncement des syndicats à tout projet d'émancipation sociale irrigue la science politique au cours de la décennie 1960. Pour autant, la recension des articles publiés dans la *Revue française de science politique* montre que malgré l'instauration d'éléments de « démocratie sociale », et l'analyse qui pourrait en découler, les centres d'intérêt des politologues ne se focalisent guère sur l'objet syndical. De 1951 (date de la création de cette revue bimestrielle) à 1970, quinze articles seulement traitant, de près ou de loin, d'un aspect relatif au syndicalisme, peuvent être recensés, avec dix contributions dues au seul et même auteur, Gérard Adam. Avant d'évoquer cet apport particulier, il s'avère intéressant de relever les thèmes des autres contributions. Deux articles proposent, en effet, une grille de lecture révélatrice des axes de compréhension des sociétés contemporaines que privilégient alors les universitaires les plus en vus de la FNSP. Un article de Robert Edouard Charlier traite en 1951 des « contradictions internes des groupements » tandis qu'en 1965, François-Georges Dreyfus s'intéresse à « Un groupe de pression en action : les syndicats universitaires devant le projet

[1] Raymond Aron explique comment, selon lui, les syndicats américains, « peu soucieux de doctrine ou d'idéologie » et qui « n'ont pas le goût pour la propriété publique des instruments de production » se satisfont d'une régulation pacifique du système capitaliste, dès lors qu'ils obtiennent quelques avancées sociales pour les salariés et des avantages à la fois financiers et symboliques pour leurs dirigeants *in* « De la lutte de classes à la satisfaction querelleuse », *La lutte des classes*, Paris, Gallimard, 1964, pp. 228-229.

Billières de réforme de l'enseignement (1955-1959) ». Loin d'être abordé comme un fait social total, le syndicalisme intègre la catégorie des groupes de pression, chère à Jean Meynaud,[1] et participe au *lobbying* généralisé dans les sociétés démocratiques modernes. Cette approche est appelée à marquer durablement la science politique : elle se retrouvera, au début des années 1980, dans la problématique du néo-corporatisme et prendra encore plus d'essor, par la suite, avec la constitution d'une approche centrée sur les politiques publiques.

À partir de 1964, Gérard Adam est le premier chercheur véritablement inscrit dans l'espace institutionnel de la science politique[2] à se lancer dans une étude suivie et rigoureuse de l'évolution des principales confédérations syndicales. Il publie, en 1964, chez Armand Colin - éditeur avec lequel la FNSP eut un accord avant de fonder sa propre maison d'édition – un *Atlas des élections sociales en France*, ainsi qu'une histoire politique et idéologie de la CFTC entre 1940 et 1958, tirée de sa thèse et éditée sous la forme d'un Cahier de la FNSP[3]. Il rédige également pour la RFSP une série d'articles, proposant pour la plupart un panorama de la situation conjoncturelle des différentes centrales. Trois de ses contributions se distinguent toutefois par un effort de théorisation plus marqué, avec une réflexion sur l'interaction existant entre les stratégies syndicales et les types d'organisation, sur les liens PCF-CGT et, enfin, sur les élections professionnelles et la représentativité des

[1] MEYNAUD (Jean), *Les groupes de pression en France*, Paris, A. Colin, 1958, 371 p. ; *Nouvelles études sur les groupes de pression en France*, Paris, Armand Colin, 1962, 448 p.

[2] Après avoir quitté le Cevipof pour le Cnam où il a travaillé avec Jean-Daniel Reynaud, Gérard Adam exerce aujourd'hui la profession de « journaliste social » à *La Croix*, détail qui ne nous semble pas anodin pour illustrer la porosité des frontières de la science politique Cela ne l'empêche pas d'ailleurs de poursuivre une œuvre à vocation sociologique : ADAM (Gérard), *Les relations sociales, année zéro : un modèle à réinventer*, Paris, Bayard, 2000, 256 p.

[3] ADAM (Gérard), *La CFTC, 1940-1958 : histoire politique et idéologique*, Paris, Armand Colin, 1964, 302 p.

organisations syndicales[1]. Ce travail, pensé sur plusieurs années et qui ouvre, sur le plan institutionnel, une voie au sein de la FNSP, permet de commencer à cerner ce que pourrait être la spécificité du regard politologique sur le syndicalisme : saisie de l'actualité (et sur ce point, le chercheur se situe effectivement sur le même terrain que le journaliste), traitement des élections professionnelles avec les outils forgés par la sociologie électorale ; intérêt ciblé pour l'appréhension du rapport entre syndicalisme et politique, entre syndicats et partis.

III. Les mobilisations sociales au service d'une spécialisation en science politique

En ce qui concerne la discipline science politique entendue au sens strict, une troisième phase s'ouvre véritablement avec la décennie 1970. Une agrégation du supérieur, distincte de celle du droit public, est instaurée en 1971 ; une section spécifique du CNRS (l'actuelle section 40) voit le jour en 1983. Cette consolidation de la discipline, qui peut désormais former son propre corps de chercheurs et d'enseignants, s'accompagne d'une diversification de ses objets d'étude, avec l'ouverture à des problématiques comme celle de la socialisation politique, de l'analyse des discours ou encore de la mobilisation collective. Jean Leca évoque à ce sujet un « objet qui a évolué vers l'ubiquité et la dilution »[2]. Cet élargissement du corpus de la science politique, avec les limites qui viennent d'être évoquées, ne sert pourtant pas, et à première vue, les études sur le syndicalisme. Alors que le *Traité de science politique* de Georges Burdeau, publié entre 1949 et 1977, aborde dans son tome VII la question syndicale au travers de deux entrées (« Les syndicats et le pouvoir étatique » ; « Les travailleurs et le pouvoir dans l'entreprise »), le nouveau Traité

---

[1] ADAM (Gérard), « Stratégies syndicales et types d'organisation », *RFSP*, vol. 16, n°5, 1966, pp. 845-868 ; « Eléments d'analyse sur les liens PCF-CGT », *RFSP*, vol. 18, n° 3, 1968, pp. 524-554 ; « La représentativité des organisations syndicales. Enquête sur les élections professionnelles », vol. 18, n° 2, 1968.

[2] LECA (Jean), « La science politique dans le champ intellectuel français », *RFSP*, vol. 32, n° 4-5, août-octobre 1982, p. 658.

en quatre volumes (PUF, 1985), dirigé par Madeleine Grawitz et Jean Leca ignore totalement le syndicalisme : même le quatrième volume consacré aux politiques publiques et comportant un chapitre sur les politiques industrielles ne prend pas en considération, de façon spécifique, les acteurs syndicaux.

En dépit de cette remarquable indifférence qu'expriment donc les sommets de l'institution, un certain nombre de travaux réalisés par des politologues vont enrichir l'approche du fait syndical, au point qu'il soit effectivement possible de parler aujourd'hui de la place du syndicalisme dans la science politique. En 1968, Jacques Capdevielle et René Mouriaux soutiennent en commun un mémoire de troisième cycle de l'IEP sur « les militants de la CGT et de la CFDT », sur la base d'une recherche comparative commencée en 1966. Ils amorcent par-là une longue et fructueuse entente qui passe, en premier lieu, par la réalisation, avec Gérard Adam et Frédéric Bon, d'une enquête quantitative sur l'ouvrier français, puis par la publication d'un volume de la collection U dirigée par Alain Lancelot sur les syndicats ouvriers en France[1]. En 1969, Jacques Capdevielle et René Mouriaux intègrent le Cevipof. L'influence de leurs travaux comme leur investissement dans un séminaire de troisième cycle à l'IEP suscitent une petite série de publications que la recension des articles relatifs au syndicalisme dans la RFSP permet d'apprécier[2]. L'impact de Mai 1968 et des luttes sociales qui marquent la décennie 1970 contribue, de plus, à desserrer l'étau d'une discipline qui s'est conçue jusqu'alors en symbiose avec

---

[1] ADAM (Gérard), BON (Frédéric), CAPDEVIELLE (Jacques), MOURIAUX (René), *L'ouvrier français en 1970*, Paris, Armand Colin, 1971, 276 p. ; CAPDEVIELLE (Jacques), MOURIAUX (René), *Les syndicats ouvriers en France*, Paris, Armand Colin, 1970, 126 p.

[2] CHENAL (Odile), LAPERROUSAZ (Michèle), RAFLIN (Marie-France), « L'économie du politique dans les discours syndicaux », *RFSP*, vol 27, n° 3, juin 1977, pp. 442-458 ; BURTIN (Philippe), « Attitude et idéologie syndicales. Une analyse des tracts distribués à Renault Billancourt », *RFSP*, vol. 27, n° 6, décembre 1977, pp. 915-931.

les milieux dirigeants. De 1968 au milieu des années 1980, il ne semble pas excessif d'affirmer qu'en dehors de quelques éclairages ponctuels réalisés par les chercheurs du Centre d'Etude des Relations Internationales (CERI) sur les configurations syndicales étrangères[1] et quelques contributions dues à l'accueil par la FNSP de chercheurs étrangers[2], quasiment toute la production scientifique[3] sur le syndicalisme résulte du travail d'investigation mené par Jacques Capdevielle et par René Mouriaux, en commun, de façon séparée ou avec d'autres chercheurs[4]. Tous deux nouent des coopérations étroites avec la CFDT et la CGT pour lesquelles ils réalisent des formations et des enquêtes, tout en produisant une œuvre académique, à la fois pluridisciplinaire et multidimensionnelle, d'ampleur remarquable[5]. Leur compréhension du fait syndical

---

[1] LERUEZ (Jacques), « Syndicalisme et politique en Grande-Bretagne », *RFSP*, n° 5, octobre 1975 ; Sur les syndicalismes étrangers, quelques rares travaux existent, hors de ceux réalisés sous l'égide de l'IRES à partir de 1982 et notamment cette importante thèse : BURGI (Noëlle), *L'Etat britannique contre les syndicats*, Paris, Kimé, 1992, 258 p.

[2] KANTOROWITZ (Jack), « L'influence américaine sur Force ouvrière, mythe ou réalité ? », *RFSP*, 4, août 1978.

[3] Certains essais, en l'occurrence centrés sur le rapport entre syndicats et partis, restent sans suite, les chercheurs se réorientant vers d'autres objets d'étude : BADIE (Bertrand), *Stratégie de la grève. Pour une approche fonctionnaliste du PCF*, Paris, PFNSP, 1976, 280 p.

[4] CAPDEVIELLE (Jacques), DUPOIRIER (Elisabeth), LORANT (Guy), *La grève du Joint français*, Paris, Presses de la Fondation nationale des sciences politiques – Armand Colin, 1975, 166 p. ; GRUNBERG (Gérard), MOURIAUX (René), *L'univers politique et syndical des cadres*, Paris, PFNSP, 1979, 231 p. ; AUBERT (Véronique), BERGOUNIOUX (Alain), MARTIN (Jean-Paul), MOURIAUX (René), *La forteresse enseignante. La Fédération de l'éducation nationale*, Paris, Fayard, 1985, 364 p.

[5] Il est impossible de livrer ici toute leur bibliographie. Nous nous contenterons de citer d'une part les travaux communs de Jacques Capdevielle et de René Mouriaux : CAPDEVIELLE (Jacques), MOURIAUX (René), *Mai 68. L'entre-deux de la modernité. Histoire de trente ans*, Paris, PFNSP, Paris, 1988, 317 p. ; CAPDEVIELLE (Jacques), MEYNAUD (Hélène), MOURIAUX (René), *Petits boulots et grand marché européen. Le travail démobilisé*, Paris, PFNSP, 1990,

passe par l'étude des organisations mais aussi par celle des grèves[1], par une analyse de la structuration de classes et du salariat, par l'appréciation des déterminants liés au contexte politique et idéologique[2].

Surtout, et pour la première fois dans l'histoire institutionnelle de la FNSP, cette approche du syndicalisme cesse d'être inscrite dans un cadre d'analyse libéral ou démocrate-chrétien. René Mouriaux formalise sa non-inscription dans les paradigmes dominants que défend l'institution IEP-FNSP et une partie de son corps professoral, en soutenant en 1985 une thèse sur travaux intitulée « Pertinence du marxisme pour l'étude du syndicalisme et du salariat en France ». Jusqu'au début des années 1980, cette inscription dans le marxisme reste à la fois tolérée et audible, dans la mesure où elle n'est pas dissociable du cadre plus large des controverses théoriques au sein de l'université française[3]. Après

---

238 p. ; de renvoyer, d'autre part, aux principaux ouvrages de René Mouriaux, d'autres références étant données par la suite : MOURIAUX (René), *Les syndicats dans la société française*, Paris, PFNSP, 1983, 272 p. ; MOURIAUX (René), *La CGT*, Paris, Le Seuil, 1982, 245 p. ; MOURIAUX (René), *Syndicalisme et politique*, Paris, Editions ouvrières, 1985, 216 p.

[1] CAPDEVIELLE (Jacques), MOURIAUX (René), dir., « Approche politique de la grève en France (1966-1988) », *Cahiers du Cevipof*, n° 3, 1988, 95 p.

[2] Il faut rajouter à ces entrées complémentaires sur le fait syndical un effort constant dans l'analyse du discours, mené avec l'équipe de Maurice Tournier à l'ENS de Saint-Cloud : BERGOUNIOUX (Alain), LAUNAY (Michel), MOURIAUX (René), SUEUR (Jean-Pierre), TOURNIER (Maurice), *La parole syndicale*, Paris, PUF, 1982, 270 p. ; HETZEL (Anne-Marie), LEFEVRE (Josette), MOURIAUX (René), TOURNIER (Maurice), *Le syndicalisme à mots découverts, 1970-1991*, Paris, Syllepse, 1998, 349 p.

[3] L'IEP des années 1960 se sentait obligé de programmer un cours sur le marxisme, professé par Jean Bruhat. L'IEP des années 1980 et 1990 dispense un enseignement sur « Les grands enjeux du monde contemporain » où il est plutôt question de John Rawls que de Karl Marx. Sur la place du marxisme dans la science politique :

l'apparent triomphe de l'idéologie libérale et le rétrécissement des espaces de pensée critique, le marxisme se voit relégué au rang de vestige historique, confié aux spécialistes du XIXe siècle et ceux qui s'y réfèrent considérés comme les derniers des « irréductibles ».

IV. La « fin des syndicats », une problématique plus attrayante ?

L'offensive néo-libérale qui se déploie aux Etats-Unis et en Europe avec l'élection de Ronald Reagan et de Margaret Thatcher n'est pas, comme on le sait, sans entraîner des répercussions dans le domaine des sciences sociales. Rue Saint-Guillaume, l'affirmation de l'acteur et de sa rationalité, au travers du paradigme de l'individualisme méthodologique et de l'énigme olsonienne du free rider s'épanouit sur un terrain fertile et s'impose comme la matrice de tout questionnement[1].

Dans cette optique, ce n'est pas tant l'étude du syndicalisme qui apparaîtra comme pertinente mais bientôt plutôt sa crise, entendue comme la fin d'une entrave exercée sur l'Etat et sur l'activité économique. L'attention accordée au phénomène syndical se maintient donc, non plus comme une retombée indirecte d'une forte conflictualité sociale, mais en écho à la scène médiatique et « intellectuelle » où François de Closets décrie la « syndicratie ». La thématique du déclin syndical bat son plein : Pierre Rosanvallon reprend à son compte l'argument tourainien pour affirmer la disparition du mouvement ouvrier comme acteur central de la société industrielle et l'institutionnalisation irrémédiable d'un syndicalisme contraint de revoir sa structure et ses fonctions

---

MOURIAUX (René), « Inconfort et stimulant d'être marxiste en science politique », *op. cit.*, pp. 161-187.

[1] Pour l'exposé du paradigme de l'individualisme méthodologique et de l'usage qui en est fait à Sciences-Po : BIRNBAUM (Pierre), LECA (Jean), dir., *Sur l'individualisme*, Paris, Presses de la Fondation nationale des sciences politiques, 1986, 379 p.

premières[1]. Cette situation se traduit, de façon paradoxale, par l'admission de l'objet syndical dans des programmes de recherche plus vastes, tel celui sur les formes de l'engagement ou celui sur la crise de l'emploi mené par le Cevipof[2] en 1992-93 et en 1995-96. Geneviève Bibes et René Mouriaux profitent aussi de ces interstices pour organiser en mars 1989 le seul colloque de l'Association française de science politique traitant du thème syndical au travers de sa crise en Europe[3]. Petite ruse de l'histoire, les difficultés que traverse le syndicalisme permettent à ceux qui s'efforcent depuis longtemps d'en saisir les formes historiques de continuer leurs travaux, tout en étant marginalisés dans l'une des institutions centrales de la science politique française[4]. Les contraintes imposées par le contexte idéologique ne s'avèrent cependant pas négligeables. La thématique de la crise syndicale tend à se substituer comme objet d'étude à l'analyse du syndicalisme dans ses multiples dimensions : la confrontation entre les interprétations, véritable lutte des paradigmes, devient un préalable indispensable à toute enquête. L'intégration au Cevipof de Guy Groux, sociologue du travail, puis de Jean-Marie Pernot, ancien dirigeant syndical, favorise un renouvellement des coopérations intellectuelles, ce qui se traduit aussi dans les méthodes d'enquête et les angles de

---

[1] Ne pouvant citer ici les multiples interprétations de la crise syndicale, nous préférerons renvoyer à des synthèses critiques sur celles-ci : MOURIAUX (René), SUBILEAU (Françoise), « La crise syndicale en France entre 1981 et 1990. Analyses et interprétations globales », contribution présentée au 12e Congrès Mondial de Sociologie, Madrid, 1990 ; UBBIALI (Georges), « Syndicalisme en crise, syndicalisme en mutation », *Politix*, n° 23, 1993, pp. 84-101.

[2] GROUX (Guy), MOURIAUX (René), « Syndicalisation sans syndiqués : dimensions et dilemmes » *in* PERRINEAU (Pascal), dir., *L'engagement politique, déclin ou mutation ?* , Paris, PFNSP, 1994, pp. 69-86 ; LA CHAISE (Guillaume), *Crise de l'emploi et fractures politiques*, Paris, Presses de Sciences Po, 1996, 340 p.

[3] BIBES (Geneviève), MOURIAUX (René), dir., *Les syndicats européens à l'épreuve*, Paris, PFNSP, 1990, 292 p.

[4] Le recensement des articles relatifs au phénomène syndical dans la RFSP confirme une tendance à la raréfaction : avec 9 références entre 1970 et 1982, 6 entre 1982 et 1992, 1 entre 1993 et 2000.

vue[1], avec notamment l'ouverture à la dimension européenne du syndicalisme[2]. De façon aléatoire, des étudiantes et étudiants prennent part à ces recherches et contribuent à les enrichir[3].

Un deuxième pôle de recherche[4] émerge d'ailleurs au sein de la FNSP, autour de Dominique Labbé au Cerat (IEP Grenoble). Cette équipe, « Organisations et représentations politiques », s'intéresse principalement au phénomène de la désyndicalisation, ce qui l'incite à construire un modèle d'analyse général des facteurs de syndicalisation, centré sur une trame d'explication interne (prédominance des facteurs endogènes)[5]. Entre 1984 et 2001, grâce à la réalisation

---

[1] GROUX (Guy), MOURIAUX (René), *La CFDT*, Paris, Economica, 1989, 316 p. ; GROUX (Guy), MOURIAUX (René), *La CGT, crises et alternatives*, Paris, Economica, 1992, 307 p.

[2] GROUX (Guy), MOURIAUX (René), PERNOT (Jean-Marie), « L'Européanisation du mouvement syndical : la Confédération européenne des syndicats », *Le Mouvement social*, janvier-mars 1993, n° 162, pp. 41-67 ; PERNOT (Jean-Marie), *Dedans-dehors, la dimension internationale dans le syndicalisme français*, Paris X, Thèse pour le doctorat de science politique, 2001, 2 vol., 791 p. Une coopération scientifique s'établit également avec Corinne Gobin de l'ULB : GOBIN (Corinne), *L'Europe syndicale*, Bruxelles, Labor, 1997, 186 p.

[3] MATHIOT (Pierre), MOURIAUX (René), « Conflictualité en France depuis 1986, le cas de Peugeot-Sochaux », *Cahiers du Cevipof*, 1992, 124 p. Il conviendrait aussi d'évoquer les coopérations internationales qui constituent de précieuses ressources dans l'institution universitaire et favorisent la perspective comparatiste : KESSELMAN (Mark), GROUX (Guy), dir., *1968-1982. Le mouvement ouvrier français, crise économique et changement politique*, Paris, Les Editions ouvrières, 1984, 382 p.

[4] Notons aussi le travail personnel, dans le cadre du CNRS, de la politologue Jeanne Siwek-Pouydesseau sur le syndicalisme dans les fonctions publiques : SIWEK-POUYDESSEAU (Jeanne), *Le syndicalisme des fonctionnaires jusqu'à la Guerre froide (1848-1948)*, Lille, PUL, 1989, 342 p. ; SIWEK-POUYDESSEAU, *Les syndicats de fonctionnaires depuis 1948*, Paris, PUF, 1989, 288 p.

[5] LABBE (Dominique), BASSON (Jean-Charles), « Syndicalisation et désyndicalisation en France depuis 1945, retour sur 15 ans de recherche du CERAT-IEP Grenoble », Document produit dans le

d'enquêtes de terrain pour la CFDT et de thèses de doctorat[1], l'équipe du Cerat accumule et rend accessible une somme importante de données empiriques sur les élections professionnelles, les effectifs syndicaux, les structures organisationnelles et les ressources financières des principales confédérations[2]. Aucune jonction ne s'effectue cependant avec les travaux menés par René Mouriaux au Cevipof. Alors que ce dernier privilégie une démarche de contextualisation historique et s'applique à identifier l'interaction entre les processus de déstructuration et de restructuration de la forme syndicale, Dominique Andolfatto et Dominique Labbé s'emploient à valider une seule et unique grille explicative : le déclin du syndicalisme proviendrait de l'abandon du modèle d'organisation qui a prédominé de la Libération à la fin des années 1970 et qui reposait sur une forte identification corporative à la base. Outre que la référence au « modèle » syndical des Trente Glorieuses relève plus du présupposé théorique que d'une analyse historique concrète, la démarche adoptée surprend aussi par sa propension à appréhender l'objet syndical en vase clos : les transformations du capitalisme et du

---

cadre d'un séminaire du groupe d'étude et de recherche sur les mutations du militantisme, Paris, 22 janvier 1998, 20 p.

[1] BASSON (Jean-Charles), *Le tarissement du militantisme. Socialisation politique et sociologie syndicale*, Thèse pour le doctorat de science politique, Grenoble, IEP Grenoble, 1996, 555 p. ; BEVORT (Antoine), *La syndicalisation et l'action collective, le cas de la CFTC-CFDT, 1945-1990*, Thèse pour le doctorat d'Etat en science politique, Paris, IEP Paris, 1993, 576 p.

[2] Pour ne citer ici que les ouvrages : ANDOLFATTO (Dominique), *L'univers des élections professionnelles*, Paris, Les Editions ouvrières, 1992, 244 p. ; ANDOLFATTO (Dominique), LABBE (Dominique), *La CGT. Organisation et audience depuis 1945*, Paris, La Découverte, 1997, 304 p. ; ANDOLFATTO (Dominique), LABBE (Dominique), *Un demi-siècle de syndicalisme en France et dans l'Est*, Nancy, Presses Universitaires de Nancy, 1998 ; BEVORT (Antoine), LABBE (Dominique), *La CFDT : organisation et audience depuis 1945*, Paris, La Documentation française, 1992, 260 p. : LABBE (Dominique), *Syndicats et syndiqués en France depuis 1945*, Paris, L'Harmattan, 1996, 164 p. ; LABBE (Dominique), CROISAT (Maurice), *La fin des syndicats ?,* Paris, L'Harmattan, 1992, 236 p.

salariat ne sont pas intégrées, ni même la perte d'influence face au libéralisme des grandes visions du monde chrétiennes, sociales-démocrates et communistes[1]. Autant dire que les deux pôles de recherche sur le syndicalisme qui se sont consolidés depuis trente ans dans le champ de la science politique co-existent plus qu'ils ne se stimulent mutuellement : leurs points communs résident dans un traitement à vocation exhaustive de l'objet syndical (prise en compte des fonctions et des structures) et, apport non négligeable, dans l'intégration de ce même objet à la discipline. Pour autant, leur rattachement disciplinaire à la science politique ne permet pas d'atténuer les divergences théoriques.

L'émergence inachevée – en ce qui concerne seulement l'analyse du syndicalisme – d'un troisième pôle aurait pu brouiller ce panorama et entraîné une relative diversification dans le traitement de l'objet syndical. La prédominance exercée par l'IEP, son orientation libérale et son mode d'approche encore très positiviste se voient en effet contestés, au cours des années 1980, par des universitaires plus sensibles à la sociologie de Pierre Bourdieu. De nouvelles revues, à l'image de *Politix* et de *Genèses*, liées au département de Paris I et lancée respectivement en 1989 et 1990, mettent fin à l'hégémonie de la *RFSP*. La référence au constructivisme structuraliste contribue à modifier les modes de questionnement, en dehors même de la transformation du réel[2]. La construction socio-historique des groupes professionnels et le mode de légitimation de leur porte-parole, le

---

[1] MOURIAUX (René), *Crises du syndicalisme français*, Paris, Montchrestien, 1998, 156 p.

[2] Dans le champ syndical, cette transformation du réel n'est pas négligeable. L'apparition de nouvelles forces – les coordinations, SUD-PTT – constituent autant de terrains d'étude en friches, susceptibles d'intéresser de jeunes chercheurs : HASSENTEUFEL (Patrick), « Pratiques représentatives et construction identitaire. Une approche des coordinations », *RFSP*, n° 1, vol. 41, 1991, pp. 5-27 ; SAINSAULIEU (Yvan), *La contestation pragmatique dans le syndicalisme autonome : la question du modèle SUD-PTT*, Paris, L'Harmattan, 1999, 287 p.

décloisonnement des frontières entre savoir ordinaire et production savante[1], les luttes symboliques relatives à la production des catégories de classement[2] deviennent des thèmes de prédilection. La remise en cause de la sociologie politique dominante (celle produite à l'IEP) s'accompagne d'une dévalorisation des objets et des outils d'analyse considérés comme « traditionnels » (alors que ces derniers sont aussi insérés dans les luttes intellectuelles et académiques). Des pans entiers de la réalité sociale sont ainsi négligés par les tenants de la théorie constructiviste dont l'étude des syndicats en tant que collectifs structurés, inscrits dans un contexte économique et politique, parties prenantes de rapports de force, instruments de mobilisation et de revendication en tension permanente entre les aspirations émises par leur base, présentes dans le salariat, et leur propre stratégie organisationnelle. L'attention portée aux luttes symboliques permet d'approfondir les conditions de production et de reproduction des représentations dominantes : il s'avère par contre regrettable qu'au lieu de compléter d'autres entrées thématiques, elle s'y substitue.

Conclusion : pour un cadre d'analyse pluridisciplinaire

Les grandes grèves de l'automne 1995 percutent, de nouveau, l'univers de la science politique, au point d'engendrer dans certains laboratoires – dont le Cevipof – des polémiques sur la définition d'un « mouvement social » et sur la référence au corporatisme[3]. Le fait que certains syndicats se soient retrouvés lors de ces grèves, et plus encore lors des luttes qui ont marqué les années 1996-1998, aux côtés d'autres

---

[1] CORCUFF (Philippe), « Eléments d'épistémologie ordinaire du syndicalisme », *RFSP*, n° 4, vol. 41, 1991, pp. 515-535.

[2] BARBET (Denis), « Réflexion sur la production des frontières du syndical et du politique. Retour sur la loi de 1884 », *Genèses*, n° 3, mars 1991, pp. 5-30. Ce numéro, dirigé par Michel Offerlé, comporte un dossier central sur « La construction du syndicalisme ».

[3] BEROUD (Sophie), CAPDEVIELLE (Jacques), « Pour en finir avec une approche culpabilisée et culpabilisante du corporatisme » *in* LENEVEU (Claude), VAKALOULIS (Michel), *Faire mouvement, novembre-décembre 1995*, Paris, PUF, 1998, pp. 71-101.

protagonistes (associations de chômeurs, collectif des Sans papiers) a incité certains chercheurs à élargir le spectre de leur réflexion afin de sonder les diverses théories de l'action collective et par-là même, de conceptualiser la place occupée par le syndicalisme dans un ensemble plus vaste de résistances au néolibéralisme[1]. L'inverse ne se vérifie pas toujours. Les multiples études portant sur des exemples spécifiques de mobilisation collective, voire même les recensions critiques des paradigmes sur le sujet – ce thème de recherche bénéficiant d'une légitimité certaine au sein de la science politique contemporaine, en raison de l'influence exercée par les contributions anglo-saxonnes – ne s'écartent que rarement du prisme de l'individualisme méthodologique pour lequel le passage de l'individu au collectif tient toujours d'une sorte de miracle (d'où le rôle des « entrepreneurs » pour mobiliser et allouer les ressources existantes)[2]. La configuration d'une nouvelle forme historique de mouvement social, plurielle et mouvante dans sa composition comme dans ses expressions, contribue à distordre ces frontières internes entre sous-disciplines[3]. La compréhension du syndicalisme n'est pas

[1] BEROUD (Sophie), MOURIAUX (René), VAKALOULIS (Michel), *Le Mouvement social en France, Essai de sociologie politique*, Paris, La Dispute, 1998, 222 p. ; VAKALOULIS (Michel), « Problèmes de l'action collective aujourd'hui » *in* ANDREANI (Tony), VAKALOULIS (Michel), *Refaire la politique*, Paris, Syllepse, 2002, pp. 119-137.

[2] À titre d'exemple – il y en aurait foison – d'une science politique peu ouverte à une confrontation critique avec des lectures agonistiques de la société : FILLIEULE (Olivier), PECHU (Cécile), *Lutter ensemble, les théories de l'action collective*, Paris, L'Harmattan, 1993, 221 p. ; NEVEU (Erik), *Sociologie des mouvements sociaux*, La Découverte, Paris, 1996, 123 p. ; CEFAI (Daniel), TROM (Dany), dir., *Les Formes de l'action collective : mobilisation dans les arènes politiques*, Paris, EHESS, 2001, 322 p.

[3] L'apparition sur la scène médiatique des mobilisations transnationales au niveau européen, l'importance des grèves liées aux restructurations d'un capitalisme mondialisé et les mouvements de résistance contre la dérégulation et la privatisation des services publics sont autant de faits concrets dont la répercussion se fait sentir jusqu'aux terres de la science politique. Des recherches en cours de

dissociable aujourd'hui de celle des luttes de chômeurs, des précaires, des Sans-papiers[1], des femmes, etc., même si ces mobilisations se déroulent parfois dans un climat d'opposition ouverte avec les organisations syndicales ou de mésentente. Plus que jamais, l'objet syndical nécessite d'être appréhendé au travers d'une problématique multidimensionnelle, associant perspectives diachronique et synchronique, mise en rapport des formes, des structures et des représentations[2]. Cette grille d'analyse ne revêt d'ailleurs de sens qu'en restituant le syndicalisme dans les rapports sociaux globaux qui le produisent et sur lesquels il s'efforce d'agir : c'est donc moins – si on nous permet cette pirouette finale – la science politique qui importe ici que le point de vue que l'on adoptera sur les fondements de l'ordre social.

Bibliographie additionnelle

Ouvrages

- BALME (Richard), CHABANET (Didier), WRIGHT (Vincent), dir., *L'action collective en Europe*, Paris, Presses de Sciences Po, 2002, 542 p.

---

doctorants en témoignent : VANOMMESLAGHE (Laurence), « Deux formes nationales d'opposition ouvrière à la délocalisation de Levi's », *RFSP*, vol. 51, n° 5, octobre 2001, pp. 739-762.

[1] Les luttes de chômeurs, surtout, ont suscité un regain d'intérêt politologique pour la mobilisation collective : MAURER (Sophie), *Les Chômeurs en action, décembre 1997 – mars 1998 : mobilisation collective et ressources compensatrices*, Paris, L'Harmattan, 2001, 152 p. ; MAURER (Sophie), PIERRU (Emmanuel), « Le Mouvement des chômeurs de l'hiver 1997-98 : retour sur un 'miracle social' », *RFSP*, vol. 51, n° 3, juin 2001, pp. 371-407 ; MOUCHARD (Daniel), *Les Exclus dans l'espace public : mobilisations et logiques de représentation dans la France contemporaine*, Thèse de doctorat en science politique, Paris, IEP, 2001, 551 p. ; sur les sans-papiers, la thèse de Johanna Siméant constitue également une référence importante : SIMEANT (Johanna), *La cause des sans-papiers*, Paris, Presses de Sciences Po, 1998, 504 p.

[2] MOURIAUX (René), « Outils et questions de la 'syndicalogie' à la fin du XXe siècle », *Regards sur l'actualité*, Paris, La Documentation française, n° 244, sept-oct. 1998, pp. 3-11.

- CHAPMAN (Herrick), KESSELMAN (Mark), SCHAIN (Mark), *A Century of Organized Labor in France : a Union Movement for the Twenty-first Century ?*, New York, St. Martin's Press, 1998, 260 p.

- COURS-SALIES (Pierre), MOURIAUX (René), dir., *L'unité syndicale en France, 1895-1995. Impasses et chemins*, Paris, Syllepse, 1996, 255 p.

- DENIS (Jean-Michel), *Les coordinations. Recherche désespérée d'une citoyenneté*, Paris, Syllepse, 1996, 205 p.

- DENIS (Jean-Michel), *Le Groupe des Dix, un modèle syndical alternatif ?,* Paris, La Documentation française, 2001, 244 p.

- DUFOUR (Christian), HEGE (Adelheid), *L'Europe syndicale au quotidien : la représentation des salariés dans les entreprises en France, Allemagne, Grande-Bretagne et Italie,* Bruxelles, PIE-Peter Lang, 2002, 256 p.

- FOUQUET (Annie), REHFELDT (Udo), LE ROUX (Serge), dir., *Le syndicalisme dans la mondialisation*, Paris, Editions de l'Atelier, 2000, 237 p.

- KELLY (John), *Trade Unions and Social Politics*, Londres, Verso, 1988, 333 p.

- SIWEK-POUYDESSEAU (Jeanne), *Le syndicalisme des cols blancs*, Paris, L'Harmattan, 1996, 236 p.

- SIWEK-POUYDESSEAU (Jeanne), *Les syndicats des fonctions publiques au XXe siècle,* Paris, Berger-Levrault, 2001, 311 p.

Articles

- BALME (Richard), CHABANET (Didier), « Dialogue social européen et transformations des négociations collectives », *Politique européenne*, n° 4, 2001, pp. 119-139.

- BEROUD (Sophie), « *Clause sociale* : limites et contradictions des réponses syndicales », *Mots, les langages du politique*, n° 71, mars 2003, pp. 23-39.

- BEROUD (Sophie), MOURIAUX (René), « L'incroyable survie de la CGT », *Regards sur l'actualité*, n° 244, septembre-octobre 1998, pp. 13-23.

- BEROUD (Sophie), « Un renouveau de la critique syndicale ? », *Mouvements*, n° 24, novembre-décembre 2002.

- BEROUD (Sophie), MOURIAUX (René), « La CFDT en quête de refondation sociale », *Mouvements*, n°14, mars-avril 2001, pp. 83-89.

- DAMESIN (Renaud), DENIS (Jean-Michel), « Syndicalisme(s) SUD », *Les Cahiers de recherche du GIPMIS*, n° 11, avril 2001, 105 p.

- HEGGE (Adelheid), dir., « La représentativité syndicale », *Chronique internationale de l'IRES*, n°66, septembre 2000, n° spécial, 123 p.

- TIXIER (Pierre-Eric), « La représentation des salariés au quotidien : perspectives comparatives européennes », *Revue de l'IRES*, n° 14, hiver 1994, pp. 27-47.

Chapitre 2

L'analyse économique du fait syndical

Guy CAIRE

Université de Paris X Nanterre

Il y a deux façons d'envisager les relations avec les autres, assez bien représentées d'une part par La Fontaine, d'autre part par Victor Hugo. On connaît la fable de « La cigale et la fourmi »: « la fourmi n'est pas prêteuse, c'est là son moindre défaut »; la fin du poème « Les pauvres gens » n'est pas moins célèbre: « tiens, dit-elle en ouvrant les rideaux, les voilà ». Egoïsme et altruisme caractérisent donc les rapports qu'on peut entretenir avec son prochain. C'est le premier type de comportement que privilégient traditionnellement les économistes et ceci alors même que le père fondateur de la discipline, s'il faisait reposer sur l'intérêt l'analyse de *La richesse des nations* s'était pourtant également intéressé dans *La théorie des sentiments moraux* à la sympathie. Le paradigme de l'intérêt et de l'égoïsme appliqué au syndicalisme, traditionnellement considéré comme modalité de la solidarité des travailleurs, peut, au premier abord, sembler étrange ou tout au moins très limitateurs. Pourtant l'économiste considère le syndicalisme comme un agent économique semblable aux autres c'est-à-dire s'efforçant de maximiser une fonction objectif sous contrainte. Dans cette perspective se posent alors pour lui trois questions : quels objectifs sont visés ? Quels moyens sont mobilisés ? Quels résultats sont obtenus ? Trois questions pour lesquelles nous montrerons la manière dont la discipline a envisagé d'y répondre.

I. Objectifs

Même s'il existe un mode opératoire commun, un débat s'est noué chez les économistes quant à l'objectif qu'il convient d'assigner au syndicalisme pour en faire l'analyse. C'est seulement après avoir exploré les termes de cet affrontement que nous pourrons faire état de la modélisation retenue.

A. Débats

Trois façons de répondre à la première question posée ont été formulées. La première dite « approche économique » est celle de Dunlop pour lequel l'institution syndicale s'efforce de maximiser le *wage bill* autrement dit le produit du salaire individuel par le nombre d'emplois concernés. A la thèse développée par John Dunlop en 1944[1] a répondu la thèse soutenue en 1948 par Arthur Ross[2]. Pour ce dernier, tenant de l'approche dite « politique », « le syndicat est une agence politique opérant dans un environnement économique » et dont l'objectif premier est de survivre et, si possible, de croître et qui pour cela a à prendre une série de décisions relatives tout à la fois à sa base d'adhérents, aux employeurs, au gouvernement mais aussi aux autres leaders syndicaux concurrents. Les choix « politiques » qui seront faits se situeront dès lors dans le cadre *d'orbits of coercitive comparisons*, autrement dit par comparaison avec les gains salariaux perçus ailleurs, ceci dans la mesure où l'organisation syndicale doit éviter de faire plus mal mais au contraire tenter de faire mieux que les autres. Plus récemment une troisième réponse a été apportée par Freeman et Medoff dans leur ouvrage de 1984[3]; utilisant une formulation

---

[1] DUNLOP (J.), *Wage Determination under Trade Unions*, The Macmillan Company, 1944.
[2] ROSS (A.), *Trade Union Wage Policies*, University of California Press, 1948.
[3] FREEMAN (R. B.), MEDOFF (J. L.), *What do Unions do ?*, traduction française *Pourquoi les syndicats ? Une réponse américaine*, Paris, Economica, 1987.

empruntée à Hirschman[1], ils montrent que là où le travailleur isolé n'a d'autre choix, s'il est mécontentent du sort qui lui est fait, que de partir (*exit*) pour chercher ailleurs un emploi plus satisfaisant, le syndicat offre l'alternative de la protestation (*voice*) sur le lieu de travail.

B. Modélisation

Comment peut-on formaliser les comportements prêtés au syndicalisme dans le cadre de l'hypothèse fondatrice de l'intérêt égoïste? On peut présenter le raisonnement adopté par l'économiste en partant d'une situation hypothétique simplifiée que viendront ensuite enrichir différentes complications[2].

On peut représenter la fonction d'utilité du travailleur de base par la formule $U = p\ u\ (i\ ) + (1\text{-}p)\ u\ (w)$. L'objectif du salarié est d'obtenir le salaire w le plus élevé possible présentant pour lui l'utilité u, mais il sait que s'il manifeste des exigences trop élevées il a une probabilité p de tomber au chômage et de ne percevoir plus dès lors qu'une indemnité i qui lui procurera une satisfaction u. Il doit dès lors arbitrer en fonction du risque en résultant entre salaire et emploi. Si l'on fait l'hypothèse que les adhérents sont tous identiques la fonction d'utilité du syndicat sera simplement l'agrégation U des fonctions d'utilité u de ses membres.

Cette hypothèse très simplificatrice peut être amendée de différentes façons. On peut tout d'abord imaginer que les préférences des adhérents sont hétérogènes, les opportunités d'avoir un emploi différant en fonction de l'âge, du sexe, de la qualification etc., et par conséquent les salaires sont eux-mêmes différents en raison des productivités variées des travailleurs (la règle pour l'économiste étant que le salaire est lié à la

[1] HIRSCHMANN (A.), *Exit, Voice and Loyalty,* traduction française : *Face au déclin des entreprises et des institutions*, Paris, Editions ouvrières, 1972.

[2] FARBER (H. S.), The Analysis of Union Behavior, *in* ASHENFELTER (O.C.), LAYARD (R.), *Handbook of Labor Economics*; volume 2, North Holland, 1986, p. 1039-1089.

productivité marginale du travail). Dans ce cas là, on peut montrer que le comportement optimal de l'organisation syndicale sera de privilégier la fonction d'utilité de l'adhérent médian, choisi généralement selon ses caractéristiques d'âge. Deuxième complication possible. Le leader syndical n'est pas le simple porte-parole des adhérents. Il a sa propre fonction d'utilité: faire croître l'organisation dont il est responsable et qui lui assure une certaine audience, conserver (par amour propre dont La Rochefoucauld a pu faire le guide des conduites humaines) sa place de dirigeant, poursuivre une carrière syndicale en gravissant les échelons de l'organisation, etc.; il devra donc opérer un arbitrage entre les fonctions d'utilité des adhérents et la sienne, arbitrage dans lequel intervient pour lui le risque d'être remis en question, lors des renouvellements de mandat, pour les décisions qu'il a été conduit à prendre. Troisième complication il peut exister des *free riders*, c'est-à-dire des travailleurs qui encaisseront les bénéfices de l'action syndicale sans avoir à payer cotisations ou supporter les coûts de la mobilisation; on est là face à ce qu'on appelle le paradoxe d'Olson[1]; le syndicat s'efforcera d'y remédier soit en procurant à ses adhérents des avantages spécifiques (syndicalisme de services) soit en luttant pour le contrôle de l'embauche dans le cadre de ce qu'il est convenu d'appeler l'*union shop*.

2. Moyens

Trois outils sont traditionnellement à la disposition du syndicalisme pour faire entendre sa voix : la grève, la négociation collective, la participation. Qu'en dit l'économiste ?

A. La grève

Dans l'analyse qu'il fait de la grève[2] l'économiste tente

---

[1] OLSON (M.), *The Logic of Collective Action (Public Goods and the Theory of Groups)*, traduction française *Logique de l'action collective*, Paris, PUF, 1978.

[2] KENNAN (J.), The Economics of Strikes, *in* ASHENFELTER (O. C.), LAYARD (R.), *Handbook of Labor Economics*; volume 2, *op. cit.*, p. 1092-1137.

de répondre à trois questions : pourquoi faire grève? Quand faire grève? Comment faire grève?

Pourquoi la grève intervient-elle? Action consciente, celle-ci est la conséquence d'un calcul économique que l'on peut formaliser à la suite de Eaton[1] de la manière suivante :

$R = (wn - wo) \sum (1/1+r)t$

$C = wo\ N$

R est l'avantage obtenu à la suite de la grève, constitué par la différence entre le salaire arraché à son issue wn et le salaire antérieur accordé par l'employeur wo, avantage dont on pourra continuer à bénéficier pendant toute une période t (par exemple jusqu'à son départ en retraite) mais qui, pour cet ensemble d'années, doit être actualisé au taux r. C est le coût de la grève représenté par le salaire wo qu'on perd pendant toute la durée N de la grève. Bien entendu on n'a intérêt à faire grève que si $R > C$

Soit maintenant la seconde question: quand peut-on faire grève? Si l'on sait que l'organisation de piquets de grève, pour ne prendre que l'une des modalités de l'action gréviste, est plus facile à opérer aux beaux jours, on comprend que le cycle « naturel » des grèves au XIXe siècle ait été culminant durant la période estivale. Avec les congés payés un cycle à deux temps (avril-mai et septembre-octobre) a succédé au cycle à un temps antérieur jusqu'à ce que, en particulier dans les entreprises publiques, le mouvement se déplace à nouveau vers novembre-décembre au moment où sont renégociés les contrats annuels. Les temporalités « institutionnelles » en viennent ainsi à se substituer aux temporalités « naturelles » La conjoncture peut-elle aussi intervenir conduisant par exemple à distinguer les grèves défensives pour préserver l'emploi dans les périodes de dépression et les grèves offensives pour augmenter les salaires dans les périodes d'expansion.

---

[1] EATON (R.), The Worker and the Profitability of the Strike, *Industrial and Labor Relations Review,* octobre 1972, p. 670-679.

Comment faire grève ? A cette troisième question Shorter et Tilly[1] nous apportent un mode de représentation graphique intéressant sous la forme d'un parallélépipède rectangle dans lequel on a en longueur la durée de la grève, en hauteur l'intensité de la grève (nombre de grévistes par grève) et en profondeur la fréquence (nombre de grèves pour 100 000 travailleurs). On peut ainsi opposer la façon de faire grève « à la française » (premier graphique) et à l'« américaine » (second graphique).

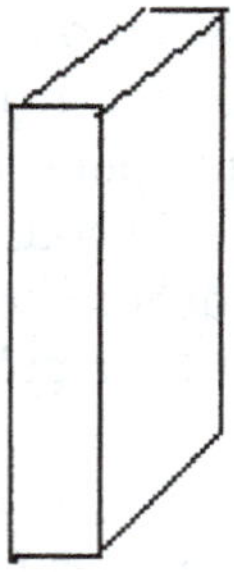

Grève à « la française »

Grève à l'« américaine »

Si la seconde manière est très représentative d'une analyse « économique » à la Ashenfelter-Johnson[2] (la grève est rare, n'intervenant que lors du renouvellement des contrats collectifs mais pouvant alors durer longtemps même si elle ne mobilise que les travailleurs opérant dans des lieux stratégiques), la première relève davantage d'une analyse « politique » (mouvements de masse de « démonstration » visant à faire pression sur les pouvoirs publics, fréquents mais de faible durée).

---

[1] SHORTER (E.), TILLY (C.), *Strikes in France*, Cambridge, Cambridge UP, 1974.

[2] ASHENFELTER (O. C.), JOHNSON (G. E.), Bargaining Theory, Trade Unions and Industrial Strike Activity, *American Economic Review,* 1969, p. 35-49.

B. La négociation collective

Il existe deux familles de modèles pour analyser le processus de négociation collective. Ou bien la négociation porte sur le salaire seul ou bien elle concerne simultanément le salaire et l'emploi; nous nous situerons dans le cadre de la première hypothèse, le niveau du salaire faisant l'objet de discussions entre employeur et syndicat, la détermination du volume de l'emploi étant ensuite laissée à la seule responsabilité de l'employeur. Dans ce cadre l'économiste tente là encore de répondre à trois types de questions: quand négocier ? Comment négocier ? Où négocier ?

Pour synthétiser les comportements des deux acteurs en présence Hicks utilise deux courbes, une courbe de concession patronale (CCP) qui conduit l'employeur à élever progressivement ses propositions de rémunération à mesure que le conflit risque d'entraîner des pertes en production et don une réduction du profit, cette courbe admet une asymptote car aller au-delà entraînerait risque de faillite pour l'entreprise. Le comportement syndical est quant à lui visualisé par une courbe de résistance (CRS) qui conduit à l'inverse le syndicat à réduire ses prétentions au fur et à mesure que le conflit se prolonge.

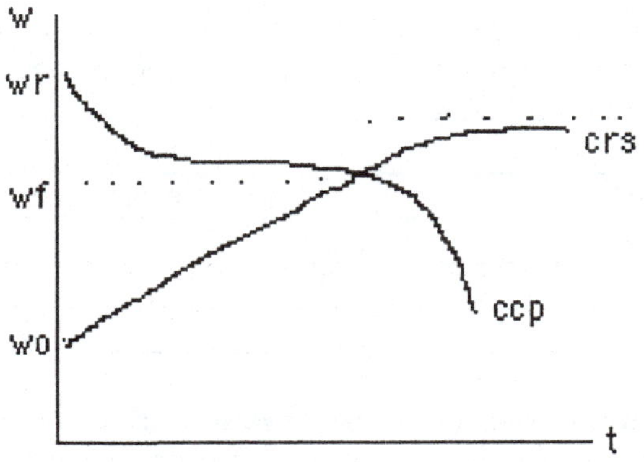

Si le salaire initial était au niveau wo, si le salaire initialement revendiqué était par exemple wr, il est probable que l'issue de la négociation conduira, au terme d'une période t, à retenir le salaire wf. Le jeu de la négociation consistera, de part et d'autre, à utiliser le bluff pour faire croire à l'adversaire que les courbes réelles se situent à d'autres niveaux que ceux présentés, à essayer d'obtenir des aides pour le syndicat afin que sa courbe de résistance fléchisse moins rapidement etc. Ce qui nous conduit à explorer une deuxième question à savoir la manière de faire grève.

La théorie des jeux nous apporte à cet égard des éléments de réponse. Si l'on s'en tient aux seuls jeux dits distributifs c'est-à-dire destinés à réduire des conflits d'intérêts, les stratégies des acteurs peuvent être présentées sous forme matricielle[1]. Suivant le type de stratégie de lutte retenu les gains pourront être plus ou moins importants pour l'une ou l'autre des parties (par exemple dans le cas représenté l'enjeu définissant le gain maximum susceptible d'être obtenu est de 6). On observera toutefois que si ce sont des stratégies dures qui, de chaque côté, s'opposent, aucun des partenaires ne voulant en démordre, alors à ce moment là les deux parties pourront être simultanément perdantes, l'employeur devant fermer son établissement et les travailleurs perdant leur emploi. Les représentations graphiques de la théorie des jeux trouvent leur transcription dans le cadre de ce qu'on appelle les équilibres de Nash, c'est-à-dire en termes de résultats d'ensembles d''actions telles qu'aucun joueur, prenant les actions de son adversaire comme données, ne souhaite changer sa propre action. La solution de Nash généralisée correspond à la maximisation du produit pondéré des gains nets des joueurs.

Stratégie syndicale	Stratégie patronale	
	faible	dure
faible	3,3	1,5
dure	5,1	-6,6

Reste à apporter une réponse à la troisième question : où négocier? En effet il est possible de négocier à différents

[1] WALTON (R.E), McKERSIE (R.B.), *A Behavioral Theory of Labor Negociations*, McGraw Hill Book Company, 1965.

niveaux : au niveau interprofessionnel, au niveau de la branche, au niveau de l'entreprise, voire de l'établissement. Les travaux initiés à la suite de Calmfors et Driffil[1] aboutissent à la conclusion que les négociations centralisées, dans le cadre de ce qu'il est convenu d'appeler le néocorporatisme, sont efficientes car les partenaires sont conduits à tenir compte dans leur stratégie des données macroéconomiques. Les négociations d'entreprise le sont aussi car la productivité du travail constitue une norme de conduite pour la revendication salariale comme pour la réponse entrepreneuriale. Au contraire les négociations de branche seraient moins efficientes car conduisant souvent à ne tenir compte ni des données macroéconomiques ni de l'extrême diversité des entreprises. On aboutirait ainsi à visualiser l'efficience de la négociation collective sous la forme d'une courbe en U.

C. La participation

L'analyse de la participation a souvent été abandonnée aux sociologues. Elle est en effet complexe pour plusieurs raisons. D'une part les instances concernées sont nombreuses (CHSCT, comités d'entreprise, groupes d'expression, etc.). D'autre part les formes ou degrés de la participation s'étagent de la consultation à la co-décision, voire à la co-gestion. Enfin, ainsi que le montre le langage juridique lui-même, se trouvent simultanément concernées les modalités du processus et ses résultats: ce qu'évoquent les formules de la participation et de l'intéressement. Il est probable que si les économistes envisageaient de s'y intéresser, ils ne manqueraient pas de se servir de la théorie de l'agence, adaptée dans la mesure où le syndicalisme est un organe de représentation de ses mandants. Dans le cadre de la théorie élaborée par Alchian et Demsetz[2] l'accent est mis sur les conflits d'intérêts, sur les caractéristiques

---

[1] CALMFORS (L.), DRIFFIL (J.), Bargaining Structure, Corporatism and Macroeconomic Performance, *Economic Policy,* avril 1988, p. 13-62.

[2] ALCHIAN (A. A.), DEMESETTZ (H.), Production, Information Costs and Economic Organization, *American Economic Review*, 1972, p. 777-795.

des relations contractuelles entre les mandants (en anglais *principals*) et les mandataires (en anglais *agents*). Les premiers souhaitent avoir le maximum d'informations sur l'agent afin d'accroître leur contrôle de son action tandis que les seconds, redoutant d'être soumis à une trop forte emprise établissent leur stratégie sur l'existence d'asymétrie d'information. L'analyse de la participation fait ainsi intervenir les concepts d'antisélection et de risque moral pour déterminer la forme des contrats susceptibles d'intervenir entre les parties.

III. Résultats

Dans la théorie la plus traditionnelle de l'analyse économique du syndicat, l'organisation des travailleurs est envisagée comme un monopoleur de l'offre de travail. Or qui dit monopole dit prix plus élevé mais aussi quantités plus réduites. En conséquence l'analyse de l'action syndicale est généralement considérée comme avantageant les syndiqués (*insiders*) mais au détriment des non syndiqués (*outsiders*) et, au niveau macroéconomique comme conduisant sans doute à une augmentation des salaires pour les membres de l'organisation mais au détriment de l'emploi pour l'ensemble de la collectivité. Ces conclusions hâtives méritent cependant d'être discutées. Il faut pour cela, avant d'indiquer quels peuvent être les résultats de l'observation, faire état des méthodes d'analyse utilisées.

A. Méthodes d'analyse

Toute recherche de statistique quantitative opère soit sur des coupes instantanées (analyses *cross section)* soit sur des séries chronologiques (analyses *time series*). Dans le premier cas on est conduit à comparer le sort d'un travailleur syndiqué et d'un travailleur non syndiqué, en raisonnant toutes choses égales par ailleurs c'est-à-dire dans le cadre de la même industrie, de la même région, du même type d'emploi. Ou bien, avec les mêmes précautions, on compare entreprises syndiquées et entreprises non syndiquées. Si l'on raisonne sur séries chronologiques, on compare le sort du (ou des) travailleur(s) avant et après syndicalisation ou bien le sort des travailleurs dans une période de faible syndicalisation et ensuite de forte syndicalisation. De nombreuses recherches ont été conduites notamment à la suite de Gregg Lewis[1] dans cette optique. Que nous ont-elles donné?

B. Observations

Le travail de Freeman et Medoff que nous avons déjà mentionné nous apporte à cet égard une foule d'informations qu'on peut s'efforcer de résumer comme suit.

Pour les travailleurs le syndicalisme contribuerait à élever les salaires et, dans le cadre des Etats Unis, ceci surtout pour les noirs, les cols bleus, les travailleurs peu qualifiés, les plus jeunes. Par contre, les seniors, qui pourraient sembler sacrifiés à cet égard, se rattrapent par le fait qu'ils sont, plus que les autres travailleurs, bénéficiaires de prestations sociales importantes arrachées à leur profit par le syndicalisme soit sous forme de retraites, de congés payés, d'assurances maladie ou accident plus avantageuses. L'âge des adhérents interviendrait ainsi dans la stratégie syndicale pour privilégier soit le court soit le long terme. Il convient aussi d'ajouter à l'actif syndical une stabilité plus grande de la main d'oeuvre : grâce à la procédure de plaintes, au développement de l'arbitrage, à la pratique du *lay-off* (qu'on peut analyser comme une mise à pied temporaire préservant de l'éviction due au chômage) la flexibilité externe serait ainsi réduite.

Si le syndicalisme est avantageux pour ses adhérents, il n'est pas non plus, contrairement à ce que pouvait avancer la théorie du monopole, nuisible à la société dans son ensemble. En effet la présence syndicale se traduit aussi par une productivité plus élevée, la rotation ou *turn over* du personnel étant moindre, les réorganisations des ateliers consécutives aux augmentations de salaires, contribuant de leur côté à accroître la

---

[1] GREGG LEWIS (H.), Union Relative Wage Effect, in ASHENFELTER (O.C.), LAYARD (L.), *Handbook of Labor Economics,* volume 2, *op. cit.*, p. 1139-1182.

productivité; enfin l'amélioration du climat social est-elle aussi bénéfique à l'essor de l'activité productive.

Cédons pour terminer la parole aux auteurs de l'étude utilisée; de manière nuancée, car tenant compte des analyses dont ils ne partagent pas les conclusions, ils résument leur propre travail en trois points :

« L'efficacité. Nos travaux ont montré que l'impact de la syndicalisation en matière d'efficacité est triple : sur le plan monopolistique, elle réduit l'emploi dans le secteur organisé; sur le plan du moyen d'expression et de réponse institutionnelle, elle permet de créer, sans alourdissement des charges pour les entreprises, des pratiques professionnelles et des systèmes de rémunération plus avantageux pour les travailleurs. Dans bien des cas elle permet d'accroître la productivité. Bien qu'il soit difficile d'additionner ces trois effets, nos travaux semblent indiquer que, dans l'ensemble, la syndicalisation est un facteur d'accroissement de l'efficacité sociale. Dans le cas contraire, et à quelques exceptions près, elle n'abaisse ce même niveau d'efficacité que dans des proportions infimes. Une telle conclusion contredit l'interprétation monopolistique traditionnelle de l'impact de la syndicalisation en matière d'efficacité économique.

La redistribution des revenus. Nous avons sur ce point, conclu au net avantage du moyen d'expression syndicale sur la facette monopolistique, la syndicalisation ayant pour effet de réduire les inégalités de salaires et d'abaisser le niveau de profit (dont bénéficient généralement les plus hauts revenus). Pour ceux des lecteurs qui jugent favorablement l'égalité économique, le rôle des syndicats est très nettement positif. Pour ceux qui sont hostiles à une plus grande égalité des revenus, le rôle des syndicats est tout à fait négatif.

L'organisation sociale. Notre analyse du fonctionnement interne des organisations syndicales a permis de dissiper un ensemble de mythes sur les méthodes antidémocratiques, la corruption et les pratiques discriminatoires des syndicats. Elle a permis de montrer que la plupart des syndicats procurent un moyen d'expression politique à l'ensemble des salariés, qu'ils sont plus efficaces pour faire adopter par le Congrès des mesures législatives d'intérêt général que des projets de loi protégeant des intérêts particuliers »[1]

Conclusion

On pourrait apporter à cette vue synoptique quelque peu sommaire de l'analyse du fait syndical par les économistes deux conclusions. La première est relative à la portée simplificatrice de toute analyse disciplinaire : « grise est toute théorie, vert est le bel arbre de la vie » disait déjà Goethe. La seconde est plus critique à l'égard de l'analyse développée par notre discipline. Ayant pour notre part abordé la plupart des points ci-dessus mentionnés nous avons pu montrer l'aspect réducteur d'une analyse coût-bénéfices de la grève[2], du comportement intéressé prêté au militant syndical[3], de la portée étroite de l'étude purement économique de la négociation collective[4], de la manière tout aussi étroite de traiter de la participation[5] et, pour tout dire, de l'oubli de la définition même du syndicalisme qu'on peut trouver dans le code du travail « défense des intérêts matériels et moraux des travailleurs ». Si la défense du pain quotidien est bien une tâche nécessaire de l'organisation syndicale et que considère à juste titre l'analyse économique, il convient aussi de ne pas oublier que le syndicalisme en défendant les intérêts « moraux » de la classe ouvrière est aussi porteur d'un projet sociétal dont il convient également de tenir compte[6].

---

[1] FREEMAN (R.) MEDOFF (J. L.), *Pourquoi les syndicats ?*, *op. cit.*, p. 250.

[2] CAIRE (G.), *La grève ouvrière*, Paris, Editions ouvrières, 1972.

[3] CAIRE (G.), « Du militantisme syndical », *Revue française des affaires sociales,* juillet-septembre 1980, p. 79-123.

[4] CAIRE (G.), *La négociation collective*, Paris, PUF, 1992.

[5] CAIRE (G.), La participation des travailleurs dans l'entreprise: idéologies, attitudes et motivations syndicales, *Economie et société,* décembre 1971, p. 2129-2172.

[6] CAIRE (G.), *Les syndicats ouvriers*, Paris, PUF, 1971.

Bibliographie additionnelle

Ouvrages

- *L'Europe sociale*, Paris, Masson, 1992, 299 pages
- *La négociation collective*, Paris, PUF 1992, 127 pages
- *Le travail intérimaire*, Paris, PUF 1993, 127 pages
- *L'emploi, des repères pour comprendre et agir*, Paris, Liris 1994, 192 pages
- *Les agences de placement privé et le marché du travail*, Paris, L'Harmattan, 2000, 239 pages
- *Histoire de la pensée économique* (collectif), Paris, Bréal, 2000, 416 pages
- *Economie du travail*, Paris, Bréal 2001, 224 pages
- *Un champ nouveau pour les relations professionnelles : les compétences* (IRETP 2001, 179 pages
- *Dictionnaire d'économie* (collectif), Paris, Dalloz 1ere édition 1998, 2eme édition revue et augmentée, 2003, 443 pages

Articles (sélection)

- La pauvreté en France : de la mesure à l'action, *Revue française des affaires sociales*, septembre 1995, p. 153-179.
- D'où venons-nous, que sommes-nous, où allons-nous lorsque nous faisons de l'histoire de la pensée économique, *Cahiers Charles Gide*, 1995 n° 1, p. 23-56.
- Problèmes méthodologiques de l'analyse des grèves en longue période, *Economies et sociétés*, n°12, décembre 1995, p. 141-168.
- Forces et faiblesse de l'approche française des relations industrielles : mise en perspective historique, *in L'Etat des relations industrielles*, PU Laval, 1996, p. 24-63.
- Clause sociale et commerce international, *Tiers monde*, oct.-déc. 1996, p. 803-828.
- Fonds de pension : Enjeux et débats, *Economie appliquée*, 1996, n° 1, p. 171-203.
- L'édition des livres II et III du Capital : problèmes et controverses, *in Friedrich Engels savant et révolutionnaire*, Paris, PUF, 1997, p. 349-362.

- Quatre décennies de production scientifique à Tiers Monde, *Tiers monde*, avril-juin 1997, p. 247-278.

- Cohérence d'un système : le microcorporatisme japonais, *in Démarche participative et travail de groupe*, Chlorofeuille, 1998, p. 76-108.

- La crise et les jeunes, *Innovations*, 1998, p.83-114.

- Globalisation et relations professionnelles, *Tiers monde,* oct.-déc. 1998, p. 727-752.

- Services publics et construction européenne, *Droit social*, février 1999, p. 176-183.

- Marché du travail et intermédiaires : le rôle des agences privées de placement, *Innovations*, n° 9, 1999, p. 9-28.

- Coopération et relations de travail : de l'organisation taylorienne aux réseaux d'entreprise, *in La coopération industrielle*, Paris, Economica, 2000, p. 255-270.

- Métaphysique, mœurs et science : de l'idéologie en économie *in L'économie rebelle de Joan Robinson,* Paris, L'Harmattan, 2001, p. 97-124.

- *Services* privés et services publics de l'emploi dans l'Union européenne : concurrence ou complémentarité *in Europe enjeux juridiques, économiques et de gestion*, Paris, L'Harmattan, 2001, p. 209-244.

- Les trois âges de la liaison salaire –productivité, *Travail et emploi*, juillet 2002, p. 57-70.

- Systèmes de relations professionnelles et action syndicale dans l'Union européenne *in Le syndicalisme en Europe à l'épreuve de l'histoire*, Paris, Syllepse, 2002, p. 59-76.

- Les conditions d'émergence d'une problématique *in Réfléchir la compétence, approches juridiques, sociologiques, économiques d'une pratique gestionnaire*, Toulouse, Octarès, 2003, p. 195-210.

Chapitre 3

Une approche ethnologique du syndicalisme à l'usine

Noëlle GEROME

Chargée de recherches au CNRS

Centre d'Ethnologie Française

Musée National des Arts et Traditions Populaires

I. Ethnologie, ethnographie. Tentative de présentation sommaire d'une discipline et de définition de son champ contemporain de compétence.

Alors que le terme « ethnique » est aujourd'hui régressivement utilisé pour désigner des théories et surtout des activités politiques criminelles, il est indispensable de préciser le champ disciplinaire de cette perspective de recherche des sciences humaines et sociales, d'indiquer, après un peu plus d'un siècle et demi d'avancées, les développements possibles pour les recherches à venir. Car la signification littérale des termes « ethnologie », « ethnographie »: connaissance et établissement de la connaissance de l'autre, du différent, voire du « gentil », du sauvage, puisque composé à partir de la racine grecque *ethnikos,* ethnos utilisé au XVIe siècle pour « peuple », avec une spécification attribuant à ce peuple la qualité dévalorisante de « païen », peut donc être comprise comme servant à convertir, à évangéliser, à acculturer et pourquoi pas à « purifier », ce, par une sorte de perversion des buts premiers de la Société d'ethnographie qui se proposait d'améliorer le sort des hommes par une meilleure connaissance de leurs conditions de vie.

C'est le mérite et la gloire de l'école française d'anthropologie et d'ethnologie de s'être développée librement hors de l'influence, sociale et historique, de cette terminologie inaugurale telle qu'on peut la trouver dans les débats épistémologiques de la deuxième moitié du XIXe siècle. On en trouvera l'étude approfondie dans la thèse de Nélia Dias, *Le Musée d'Ethnographie du Trocadéro (1878-1908). Anthropologie et muséologie en France,* Paris, Editions du CNRS, 1991. Pour cette époque fondatrice Nélia Dias caractérise ainsi les interrelations des orientations de recherches en cause: *« Confinée dans le registre de la description et de la collecte des matériaux, l'analyse et la synthèse étant du ressort de l'ethnologie, l'ethnographie n'était qu'une source d'informations et, de ce fait, une branche de l'anthropologie au sens large »*, (*op. cit.*, p. 30).

Aujourd'hui, et depuis la fin des années 1920, la réflexion, les études et l'enseignement de l'ethnologie s'inscrivent dans la voie ouverte par Marcel Mauss définissant le concept de « phénomène social total » *« suivant lequel un grand nombre de faits ne peuvent être appréhendés à un seul niveau « étant à la fois juridiques, économiques, religieux et même esthétiques, symboliques ». La vie sociale apparaît ainsi comme un système dans tous les aspects appréhendés à des niveaux différents »*. Ce commentaire d'André Leroi-Gourhan (L'Ethnologie, *in Revue de l'enseignement supérieur*, n° 3, 1965, pp. 96-97 *in Le Fil du Temps*, Paris, Fayard 1983), précise encore, reprenant Sergio Sergi : *« ...l'ethnologie est cette « histoire naturelle de l'homme ». Disparaissant dans les travaux de détail, cet aspect fondamental reparaît chaque fois qu'une étude aborde les problèmes généraux de l'humanité. Cette situation contraint la recherche à se placer en face de la totalité des faits humains dans leurs activités corporelles et mentales, dans les produits oraux et matériels de ces activités, sur toute la surface de l'habitat humain, dans toute la profondeur du temps qui sépare le jour présent des origines »*, ce qui est encore autrement formulé: *« L'aspect propre de la recherche ethnologique est dans une image totale de la société, c'est-à-dire dans une analyse du comment des interactions ».*

Plus avant, la définition de l'entité sociale étudiable pour l'ethnologie mérite encore aujourd'hui qu'on y accorde réflexion: *« L'ethnologie est la science des personnes ethniques, c'est-à-dire ce qui fait qu'un groupe humain agit dans un certain temps et dans un certain espace comme un tout. »*. C'est nous qui soulignons pour insister sur la relativisation des termes apportée par l'auteur considérant le phénomène étudié dans sa relativité temporelle, dans sa relativité spatiale et dans la spécificité sociale, historique, matérielle et symbolique de l'établissement humain, du groupe, objet de l'étude, ainsi que des individus qui composent ce groupe. La belle approche psychanalytique d'Olivier Schwartz dans sa thèse, *Le monde privé des ouvriers* (Paris, PUF, 1991) est sur ce dernier point un rare exemple.

Si pour la connaissance des sociétés non européennes, spécialement pour les sociétés africaines et amérindiennes, l'ethnologie/ethnographie constitue l'approche scientifique fondamentale, dans le domaine européen elle occupe une place résiduelle parmi d'autres sciences sociales depuis longtemps construites (économie, histoire…) et là, comme pour les zones extra européennes, toutes les sciences sociales et humaines sont requises (technologie, linguistique, psychologie, histoire, archéologie, sociologie…), en une opération de synthèse des disciplines jointes aux protocoles d'observation spécifiques, qui compose cet *« état d'esprit »* globalisant selon l'expression d'André Leroi-Gourhan.

Depuis le début du XIXe siècle en France, la fin du XVIIIe siècle ailleurs, les folkloristes ont courageusement et rigoureusement exploré et amassé des connaissances considérables sur les sociétés populaires. C'est une grande injustice « sociétale » d'utiliser aujourd'hui le terme « folklore » sous une connotation péjorative alors que la signification que lui affectait Arnold Van Gennep entendait « ce qui est du peuple », alors qu'aujourd'hui encore les communications des revues des folkloristes nourrissent les travaux des conservateurs d'écomusées, ceux des étudiants et des chercheurs. Certes, bien que cela n'ait pas été une exclusive, les sociétés rurales ont été le terrain de prédilection des folkloristes et à leur suite ceux de la plupart des premiers ethnologues du domaine français, ce qui a conduit André Leroi-Gourhan à écrire au début des années 1950 dans l'article de présentation que nous avons largement sollicité plus haut: *« La grande découverte récente a été celle du milliard d'hommes que l'ethnologie oubliait, à commencer par les compatriotes de l'ethnologue lui-même: on connaissait par le détail la vie de quelques centaines d'aborigènes de l'Inde sans connaître les Indiens eux-mêmes, et le folklore breton avait livré bien des secrets sans qu'on sache ce que représentaient ethnologiquement les masses ouvrières de la Région Parisienne. C'est à partir de cette prise de conscience que l'ethnologie a pu prendre sa véritable signification »*.

II. Une approche ethnologique du syndicalisme. Niveaux d'études.

Le développement du syndicalisme est lié, on le sait, à l'expansion industrielle de la fin du XIXe siècle. Longtemps, jusqu'au début des années 1980, l'âpreté de l'affrontement social, économique et idéologique, malgré les suggestions d'André Leroi-Gourhan, a incité les historiens et les sociologues, plutôt que les ethnologues, à consacrer leurs travaux à la seule incidence politique de l'activité syndicale.

Non que l'intérêt pour une symbolique ouvrière, l'étude des pratiques d'organisation ouvrières des pratiques productives aient été absentes des préoccupations et des travaux des folkloristes. Paul Sébillot au début des années 1890 avait publié le recueil des cultures de métier ainsi que le recueil fondamental *Les mines et les travaux publics dans les traditions et superstitions de tous les pays*[1], on comptait de nombreuses études sur le compagnonnage dont on sait qu'il nourrit aussi en son sein le mouvement syndical[2] avant que Roger Lecotté n'en

---

[1] SEBILLOT (P.), *Les mines et les travaux publics dans les traditions et superstitions de tous les pays*, Paris, Guy Durier, 1979.
[2] MAITRON (Jean), *Dictionnaire biographique du Mouvement Ouvrier*, t. 1, Paris, Editions Ouvrières

donne la magistrale synthèse dans l'exposition du MNATP (Musée National des Arts et Traditions Populaires) de 1953 puis dans la création du Musée du Compagnonnage de Tours. Enfin, dès les actions de préfiguration du MNATP, une enquête d'André Varagnac sur les obsèques parodiques au cours des occupations d'usines de Mai-Juin 1936, repèrent et étudient la symbolique de la culture de résistance et de contestation de la population ouvrière de l'industrie, reprise tout naturellement, adoptée et adaptée par les organisations syndicales qui n'auront droit de cité dans les entreprises qu'après 1968.

Mais jusque dans les deux dernières décennies du XXe siècle, les usines et leur personnel, n'avaient été qu'exceptionnellement étudiées par les ethnologues en tant que « sociétés », en tant que « nous » où les institutions syndicales pouvaient au moins jouer un rôle de référence structurante. Le « terrain » des usines Renault de Billancourt est pour la France une exception à propos de laquelle les travaux d'historiens, de sociologues, d'économistes, de psychologues, composent une abondante bibliographie[1], et à propos du sujet qui est le nôtre ici, il convient de citer l'ouvrage de Jacques Frémontier, alors journaliste: *La forteresse ouvrière : Renault.* (Paris, Fayard, 1971). Cependant pas plus les références symboliques de la vie syndicale (calendrier, cérémonies, iconographie...), et les comportements ritualisés liés à la vie syndicale ne faisaient l'objet d'études spécifiques.

Depuis ces études se sont multipliées dans un foisonnement de perspectives, défrichant de nombreux terrains. On doit pour cette époque reconnaître la valeur exemplaire de deux ouvrages modestes parus à la fin des années 1980 dans la région nantaise: *Une centrale et ses hommes. Histoire de Cheviré* par le Groupe de Recherches Historiques de la Centrale de Cheviré animé par Alain Croix (Saint Sébastien, OCL Editions, 1987), et *L'aubépine de Mai. Chronique d'une usine occupée: Sud-Aviation Nantes 1968,* de François Le Madec

---

1 Groupe d'Histoire des Usines Renault, *Bibliographie Renault*, Boulogne, 1988.

(Nantes, CDMOT, 1988). Quelques années plus tard, la thèse d'Anne Monjaret sur la célébration de la Sainte Catherine à Paris[1] prolongera pour les entreprises contemporaines la démarche initiée par les folkloristes en tenant compte des apports des études sociologiques et historiques récentes.

Il convient, dans le cadre qui est le nôtre ici, de distinguer les angles selon lesquels, en tenant compte de la spécificité de la discipline, l'ethnologue peut aborder le phénomène syndical.

L'angle d'approche spontanément adopté par les ethnologues est territorial, considérant l'usine comme une entité sociale d'une durée certaine et d'une cohérence suffisante. Encore faut-il qu'elle ait une certaine taille, qu'elle possède une histoire et une espérance de vie suffisamment longues. Ce n'est qu'à ces conditions que la culture syndicale prévaudra dans l'entreprise sur la culture de métier présente, elle, dans les lieux où se multiplient les petites entreprises, afin que l'étendue et la durée de l'implantation syndicale conduisent à une réflexion et à des pratiques spécifiques.

Avec les mêmes conditions de durée dans le temps et d'emprise de la société industrielle dans l'économie du lieu, il est possible d'entreprendre, pour des villes ou des territoires industriels, une ethnologie de l'activité syndicale qui constitue alors, non seulement un pôle de références sociales, mais qui assure aussi la légitimité et la visibilité des syndiqués, leur place dans la hiérarchie sociale, elle marque et scande le temps calendaires, des rituels, des cérémonies... On peut lire ainsi l'histoire du Creusot, des mines et de la sidérurgie... comme l'a fait David Charasse pour la Lorraine, parmi d'autres études et d'autres chercheurs.

Il est également possible de concevoir une sorte d'ethnologie organisationnelle des institutions syndicales en se

---

[1] MONJARET (Anne), *La Sainte Catherine à Paris de la fin du XIXe siècle à nos jours. Ethnologie de la fête urbaine*, Thèse de doctorat d'ethnologie, Université Paris X-Nanterre, 1992, 692 p.

fondant sur la composition et le fonctionnement de leurs appareils, en étudiant les formes et les effets de l'action syndicale dans sa triple fonction de contestation, de négociation et de gestion. Sur ces points l'ouvrage d'un syndicaliste (Charles Dusnasio, *Un vieux barbu dans la chaudière. Stratégie de communication et gestion des ressources humaines dans une entreprise de chauffage,* Quimperlé, La Digitale, 1992) apporte des analyses pertinentes et inédites.

Enfin les grands moments de l'action syndicale offrent un terrain d'étude privilégié aux ethnologues en ce qu'ils véhiculent de résurgences symboliques et de symbolisme innovant, en ce qu'ils installent de moments fusionnels, de tensions et de transformation sociale. Nous avons vu plus haut le rôle révélateur des grèves du Front Populaire pour André Varagnac, on pourrait lire ainsi le déroulement de Mai 1968, les grèves de Décembre 1995[1]

S'il fallait indiquer les dimensions dans lesquelles se déploierait une étude ethnologique du phénomène syndical, sous réserve de choix d'indicateurs nouveaux liés à des problématiques spécifiques, nous pourrions énumérer rapidement ici :

- les modes d'implantation de l'activité syndicale, par entreprise, par type d'activité,

- les modes de recrutement des militants et leur organisation, les formes de leur sociabilité: types et fréquences des réunions, modes de mobilisation, fêtes, anniversaires, structures informelles...

- l'organisation sociale de l'espace, lieux et vitrines du syndicalisme (Bourses du Travail, Unions Départementales et locales, sièges nationaux, mais aussi locaux syndicaux d'entreprise, marquages

[1] TARTAKOWSKY (Danielle), « Manifestations: le lien renoué », *Options*, n° 301, 8 janvier 1996 ; GEROME (Noëlle), « Transgression: prise de sens », *Options*, n° 301, janvier 1996.

spécifiques des alentours (bistrots attitrés, murs réservés pour l'affichage); à l'intérieur de l'entreprise même, locaux syndicaux, investissement des Comités d'entreprise, panneaux d'affichage, lieux de diffusion des tracts, lieux de réunion licites et illicites...

- l'organisation du temps calendaire et du temps historique : fêtes, célébrations: du 1er mai à la Fête des mères devenant Fête des femmes, commémorations...

- pratiques symboliques: univers linguistique (le langage des tracts et des allocutions), production poétique, graphique et sculptée, chants et slogans, « happenings » revendicatifs (les « dix de Renault »), mises en scène et tactiques des grèves et des débrayages...

La complexité du fait syndical rend difficile la saisie simultanée de toutes ces dimensions sauf pour des phénomènes d'extension limitée, mais, même en spécifiant l'angle d'investigation la richesse du champ à explorer est considérable et la mise en oeuvre de tels travaux indispensables.

III. Un essai de recension ethnologique: les symboliques de la subversion de l'espace de l'usine.

La subversion fondamentale de l'espace de l'usine, c'est le refus manifeste, publié et explicite du travail de production: le débrayage et la grève, qui depuis que le droit syndical existe sont toujours relayés par l'action syndicale à moins que celle-ci n'en soit à l'origine.

La forme la plus simple du refus collectif du travail, le « débrayage », est immédiatement accompagnée de trois ordres de phénomènes: le contre marquage de l'espace de travail et le marquage même de la personne des protestataires; la diffusion directe de l'information et la recherche de la diffusion du mouvement auprès de l'ensemble du personnel, transgressant le cloisonnement de l'organisation des usines; la recherche de la négociation et des contacts directs avec les échelons supérieurs de la hiérarchie en forçant les rencontres et donc en investissant les espaces réservés à celle-ci.

Le disque *Les Fruits de la colère,* édité par l'Intersyndicale des Avions Marcel Dassault-Bordeaux pour commémorer la grève qui s'est déroulée du 1er décembre 1966 au 28 février 1967, rend compte très précisément de ces premiers comportements de subversion de l'espace de l'usine, marquant la rupture de l'activité ainsi que le sens de l'action du groupe qui en a eu l'initiative :

> *« Les revendications s'expriment. Déjà fleurissent aux boutonnières les pièces de 0,50 F, symboles de l'augmentation demandée. Puis ce sont les affiches revendicatives qui sont posées dans les ateliers: les unes réclament l'augmentation, les autres stigmatisent la conduite de notre patron, les artistes côtoient les humoristes... Nous sentons que la direction veut laisser pourrir le mouvement car elle refuse le dialogue. Pour maintenir l'ambiance, le « tam-tam » qui avait vu le jour à Sud-Aviation à Toulouse en 1963 renaît à Bordeaux; des chansons naissent également, elles traduisent la volonté des travailleurs engagés dans l'action... Dans l'usine la chanson traduit toujours l'esprit des travailleurs et leur unité...*
>
> *L'action à l'intérieur de l'entreprise s'est organisée: bruits de tam-tam, outre le tam-tam, d'autres moyens sont utilisés: dès huit heures, extinction des feux et silence absolu, puis rassemblement au milieu de chaque atelier et casse-croûte en commun, ensuite pause silencieuse chacun à son poste de travail, arrêt-pipi, tout le monde se rendant aux toilettes à la queue-leu-leu, batailles de confettis, lâchage de ballons portant des affiches revendicatives, pause, repos en commun avec chansons et slogans revendicatifs... »*[1]

---

[1] GEROME (Noëlle), *in Ethnologie française.*

On le constate, tous les modes d'appréhension de l'espace de l'usine sont sollicités à tous moments, par la vue comme par l'ouïe, tant par l'excès que par l'absence (on remarque l'utilisation du silence et de l'obscurité) et à cette occasion les créations, en somme scénographiques ne manquent pas: chansons, graphismes, décoration de l'espace, détournements des bruits ou des ressources sonores du lieu (le tam-tam), avec parfois des emprunts à d'autres mouvements revendicatifs, distants dans l'espace et dans le temps.

Simultanément, au-delà de leur environnement immédiat, les grévistes manifestent leur action et recherchent la solidarité de leurs collègues par l'organisation de défilés dans l'ensemble du territoire de l'usine. La transgression est double: refus du travail de production et violation de l'interdit de circulation dans l'usine hors des nécessités professionnelles. A l'usine Sud-Aviation de Bouguenais *« Le 20 avril 1968, les débrayages vont s'exprimer dans l'atelier même, contre le règlement intérieur de l'usine qui interdit toute réunion et manifestation dans les ateliers...La visite de la« propriété » s'organise en de longs cortèges avec à leur tête les représentants syndicaux. Ce n'est pas encore l'adhésion générale, les malaises des jours précédents pèsent encore, mais les quelques îlots de résistance ici et là, qu'au hasard des ateliers les longs cortèges bleus et bruyants de pétards laissent épars derrière eux, s'effritent peu à peu »* [1].

A propos d'un long mouvement revendicatif à la SNECMA de Gennevilliers en 1988, deux témoignages permettent de cerner précisément le phénomène. Une contrôleuse d'atelier confie :

> *« Normalement on n'a pas le droit de se promener. Et en plus on n'a pas le droit, mais en plus on n'a pas le temps... Maintenant je connais quand même un peu plus l'usine. A près la grève de 88, à moi ça m'a permis... Il y*

[1] LE MADEC (François), *L'aubépine de Mai. Chronique d'une usine occupée. Sud-Aviation Nantes 1968,* Nantes CDMOT, 1988, p. 19.

a beaucoup d'autres gens qui travaillaient ici depuis des années et des années et qui finalement ne connaissaient pas le site de Gennevilliers. On passait dans chaque atelier avec d'autres gens ou des délégués du syndicat pour dire : « Bon on est là ».

Un autre participant à la même grève décrit précisément le parcours revendicatif :

> *« Le rassemblement des salariés se faisait sous le restaurant qui était à l'époque sur pilotis. En général les assemblées générales se faisaient là et il y avait une espèce de circuit de manifestation au sein de l'entreprise qui était organisé. On passait par la Fonderie, on rentrait par la Mécanique, on passait ici à la Grosse Mécanique et on finissait aux Forges. Et en général il y avait un rassemblement de protestation ou autre qui s'effectuait au BA* (bâtiment administratif) *et puis le retour sur la place de rassemblement avec les actions revendicatives qui étaient lancées »*[1]

Ici le parcours qui commence dans un espace collectif concédé (et dans cette usine depuis 1916), s'étend à l'ensemble des départements de l'entreprise sans omettre, à la fin, l'espace le plus distant, socialement et spatialement, celui de l'administration et de la direction. On est frappé de la similitude avec les descriptions des anciennes révoltes populaires, révolte des Pitauds de Saintonge en 1548 étudiée par Yves-Marie Bercé ou émeutes paysannes de 1792 étudiées par Michel Vovelle[2].

Pour être efficace, la démonstration de l'ampleur de la protestation et de la détermination de ceux qui l'émettent,

---

[1] GEROME (Noëlle), *SNECMA, les moteurs de la banlieue*, Paris, Scandeditions, 1993, pp. 162-164.

[2] BERCE (Y.-M.), *Croquants et nu-pieds. Les soulèvements paysans en France du XVIe au XIXe siècles,* Paris, Gallimard, 1991, pp. 17-43 ; VOVELLE (Michel), *La mentalité révolutionnaire*, Paris, Messidor-Editions Sociales, 1985, pp. 78-79.

recherche les occasions de négociation directe ainsi que, dans l'usine, la maîtrise des lieux symboliquement investis de l'image de l'entreprise. A la Centrale de Cheviré :

> *« Les prises de parole se font devant le bureau des méthodes: conquête symbolique de la Centrale dont témoigne bien Jean-Pierre Barré: « La grève, en particulier lorsqu'il y a baisse de charge, c'est quand même le moment où l'on a le sentiment que l'usine nous appartient. Ce jour-là les rapports avec la hiérarchie sont différents; en général la présence des chefs de service et des chefs de centrale est discrète. Mais à certaines occasions il y a eu des affrontements très violents »*[1].

A Sud-Aviation Bouguenais les rassemblements sont convoqués sous la manche à air désignée phallocratiquement sous le terme plus familier de « biroute » :

> *« Les premiers rendez-vous ont lieu sous la "biroute". C'est un haut lieu chargé de l'histoire ouvrière de Sud-Aviation. Cet endroit privilégié, situé à proximité des W-C et des grands portails qui voient partir les ailes de la "douce caravelle" parle mieux qu'un discours pour un compagnon qui a un peu de bouteille dans la maison. C'est le lieu de rassemblement et de départ des défilés. "Sous la biroute" ça parle !... Les pétards, les sifflets à roulette sont de la fête. Les délégués se mettent en tête du défilé... Quelques pétards éclatent aux fesses des jaunes, on ne leur veut pas de mal, on veut qu'ils comprennent... Le défilé passe devant la direction où le dernier tube "Le Père Duvochel" (sur l'air du "Travail c'est la santé") éclate »"*[2].

Aux usines Renault de Billancourt, parmi d'autres, l'espace fort est celui de l'esplanade de l'Ile Seguin qui sera

---

[1] Groupe de recherches historiques de la Centrale de Cheviré, *Une Centrale et ses hommes. Histoire de Cheviré, 1953-1986,* Saint Sebastien, ACL Editions, 1987, p. 187.

[2] LE MADEC (François), *L'aubépine de Mai*, *op. cit.*, pp. 19-21.

après 1968 restructurée et cloisonnée par un nouvel aménagement.

L'investissement des bureaux de la direction et l'occupation de l'usine toute entière représentent un autre degré dans la subversion de l'usine. Revanche et libération des contraintes, inscription dans le cours de l'histoire ouvrière, mais aussi, ultime degré de la protestation, préservation des moyens d'une reprise de la production, "entretien des outils de travail", "bichonnage des bécanes", démonstration de la fonction sociale de la production industrielle et de la compétence gestionnaire du personnel. Le récit de l'occupation mal connue de la SNECMA de Gennevilliers en 1968 se passe à cet égard de commentaires:

> *« A la fin de 1967 il y avait eu une grève assez suivie dans le secteur des aubes à propos des temps de montage et du système de travail au boni, ce qui avait amené la création d'une section CGT... On a commencé la grève avant le 13 mai, elle est partie des aubes, animée par la Ligue Communiste autour d'un individu qui a repris le mouvement de l'année précédente. Il y a eu un tour des ateliers puis un tour de l'usine, et celle-ci était occupée à midi. Le directeur a été séquestré trois ou quatre jours. Ca c'est passé en même temps que Bouguenais, c'est-à-dire le 30 avril. L'après-midi ça été un défoulement incroyable, notamment chez les jeunes des aubes qui avaient à subir une maîtrise garde-chiourme, ils roulaient partout dans l'usine, en vélo, en motocyclette. On avait fermé les portes, il y avait eu des échauffourées avec les non-grévistes. On a ouvert les portes à cinq heures et demie pour les laisser partir et ils sont partis sous les sifflets. Les gens allaient partout où ils n'avaient pas le droit d'aller avant, dans les bureaux, taper sur les machines à écrire. Si bien que la CGT a eu des craintes, on a organisé la première assemblée générale du personnel l'après-midi pour mettre en place les cahiers de revendications par secteur. Ca a permis ensuite de faire aboutir tout un tas de petites revendications*

traînantes sur lesquelles on n'arrivait pas à déboucher, comme la sécurité. On a tenu une deuxième AG le matin suivant, et ensuite tous les matins, et on a fait voter une motion de conservation de l'outil de production parce qu'il y avait des jeunes qui voulaient tout casser. On a fermé les bureaux et on a voté un retour aux ateliers. Les machines devaient être graissées et protégées. Ca a été assez houleux. On a laissé la femme du directeur entrer pour lui porter à bouffer, et des cadres qui sont venus ensuite lui tenir compagnie. Il y avait des discussions houleuses devant sa porte, et vingt jeunes qui étaient là tout le temps, à faire du bruit, à jouer du clairon... un défoulement. La décision du départ du directeur a été prise difficilement en AG »[1].

Conclusion

L'inventaire des modes de subversion de l'espace des usines pourrait être encore long et aucune étude ne l'a encore entrepris de façon exhaustive si cette étude peut se faire en raison de la subtilité et de la variabilité des modes de subversion. Citons ici de mémoire parce que les phénomènes sont bien connus et récurrents, les multiples substitutions de symboles pendant les périodes de grève: remplacement de l'oriflamme de l'usine par le drapeau rouge, organisation de spectacles dans et avec le lieu de travail...

Dans certaines entreprises, l'installation et le respect des monuments aux morts du 2ème conflit mondial relève de la manifestation d'une subversion permanente de l'espace de l'entreprise. A la RATP où la résistance du personnel avait été déterminante pendant les journées insurrectionnelles d'Août 1944, les monuments et plaques commémoratives mis en place de 1945 à 1949 pour la plupart d'entre eux, sont dus à l'initiative et à la souscription du personnel. A cette période la direction

---

[1] GEROME (Noëlle), *SNECMA, Les moteurs de la banlieue, op. cit.*, p. 167.

sera présente ou représentée aux inaugurations. La période qui suivra, jusqu'aux années 1980,verra se multiplier les signes de négligence de la part de la direction de l'entreprise, mais constamment, les associations d'Anciens Combattants et les organisations syndicales, mêmes privées des signes ostentatoires du respect et de la célébration, maintiendront une présence selon les dates d'un calendrier qui combine l'hommage rendu au régime républicain, la tradition du culte des morts, le respect des dates anniversaires propres aux anciens combattants des deux guerres mondiales et aux combattants de la Résistance.

On retrouve la même préoccupation dans d'autres entreprises. A l'occasion du cinquantenaire de la libération de Paris, un écho de presse rapporte: *"Jeudi 25 août à midi, dans le hall d'entrée du* Figaro, *rue du Louvre, à Paris, quelques dizaines d'ouvriers du Livre CGT ont célébré le cinquantenaire de la libération des locaux. Deux gerbes de fleurs ont été déposées au pied d'une plaque dédiée aux "camarades fusillés par les Allemands" et "aux camarades morts en déportation". Cette plaque a subi des vicissitudes : apposée il y a cinquante ans et déposée en 1954, elle fut remise en place pour le bicentenaire de la Révolution en 1989, "A l'heure du laitier et contre l'avis de la direction" se souvenait un responsable syndical CGT, qui précisait aussitôt: "Désormais, les boulons sont soudés. S'ils veulent l'enlever, ils seront obligés de démolir l'immeuble!"* » (*Le Monde*, 27 août 1994).

Pour une non-bibliographie du syndicalisme

Avec les ouvrages et les articles cités en note ou dans le texte, on peut encore consulter:

- *Ethnologie Française*, n° spécial « Les productions symboliques ouvrières », n° 2, 1984.
- PERROT (Michelle), *Les ouvriers en grève*, Paris, EHESS éd., 2001.
- POT (M.-D.), *La couleur dans les usines*, Thèse pour le doctorat de 3ème cycle, Nantes, 1987.

- TARTAKOWSKY (Danièle), *Les manifestations de rue en France*, Paris, Les Publications de la Sorbonne, 1998.

La démarche globalisante de l'ethnologie qui se veut étudier « dans toutes les profondeurs du champ social », la dynamique d'un groupe dans toutes ses articulations et dans toutes ses manifestations, ne peut qu'appréhender difficilement un phénomène en réseau, tel le fait syndical et spécialement le syndicalisme ouvrier.

Une autre difficulté vient de la situation, par essence conflictuelle, de l'activité syndicale, qu'elle que soit aujourd'hui la perspective d'un « syndicalisme de proposition »- on se trouve alors confronté soit à l'ignorance ou la répression de cette activité, soit à la défiance ou au silence des acteurs, au total, à la quasi-impossibilité d'observer in situ les différentes expressions du syndicalisme : réunions de compte-rendu ou de prospective, publications, mais aussi négociations, attitudes et stratification des groupes, occupation de l'espace intérieur et extérieur de l'entreprise dans le collage d'affiches ou la diffusion des tracts, enfin la construction d'une histoire spécifique dans la transmission et l'inventaire d'une symbolique.

Certes, l'histoire sociale a pu étudier le fonctionnement de l'institution syndicale depuis ses lointaines origines compagnonniques, établir les biographies de ses militants, recueillir les productions symboliques des emblèmes aux chants, analyser le spectacle offensif des manifestations. Des linguistes comme Bernard Gardin ont étudié le langage des tracts et des proclamations. Mais les ethnologues des entreprises et de l'activité industrielle, lorsque comme Jean Copans, ils ne veulent pas ignorer la dureté des situations au travail, pas plus que les travaux récents de Stéphane Beaud et de Michel Pialoux, ne se consacrent pas à la seule structure syndicale dans ses dimensions locales et extra-locales.

A ma connaissance et jusqu'à présent, en attendant la publication de travaux d'Olivier Schwartz sur le syndicalisme FO dans un centre-bus de la RATP, il n'existe que deux publications qui rendent compte de la complexité et de la signification de l'activité syndicale par un même groupe au sein d'un site industriel dans une approche au plus près de l'authenticité ethnologique.

Il s'agit, pour une période paroxystique dans l'histoire syndicale de *L'aubépine de Mai. Chronique d'une usine occupée- Sud Aviation Nantes*, 1968, Nantes, Ed. CDMOT, archives et documents, 1988 par François Le Madec, et paradoxalement dans les termes, de la publication du groupe de recherches historiques de la Centrale de Cheviré animé par Alain Croix, *Un centre et ses hommes. Histoire de Cheviré-1953-1986*, 44230 Saint Sébastien, ed. ACL, 1987.

En tenant compte des transformations de la situation industrielle européenne, du rôle et des variations e l'influence du syndicalisme ouvrier, de l'enjeu médiatique de ses expressions symboliques, de la mutation de l'activité productive, l'ethnologie du syndicalisme est à construire.

Chapitre 4

Elliptiques historiennes autour de l'objet syndicat

Stéphane PAQUELIN

Serge WOLIKOW

Université de Bourgogne, IHC-UMR 5605

La place de l'objet syndical dans la recherche est ambiguë. Un rapide coup d'œil sur les publications récentes montre qu'à l'évidence le mouvement syndical en tant qu'ensemble d'organisations et de militants reste un sujet de recherche pour les chercheurs en sciences humaines, comme l'attestent les travaux de laboratoires comme celui du CERAT à Grenoble. Toutefois, si l'on restreint cette investigation aux seules recherches menées par des historiens le bilan est moins positif, la multiplication des bases de données informatisées permet d'en prendre conscience. Nous nous sommes en particulier appuyé sur celle qui est mise à disposition par l'Agence Bibliographique de l'enseignement supérieur, Thesenet. Une interrogation de cette dernière à partir du mot-clef « syndicalisme » nous a permis d'obtenir une liste de 37 thèses soutenues depuis 1975. Au-delà de l'intérêt scientifique que ces différentes thèses présentent, l'analyse du synopsis fourni avec le lieu de publication, le nom du chercheur et de son directeur, permet également de donner un aperçu des tendances épistémologiques qui ont marqué l'histoire du syndicalisme depuis environ trente ans. Il va de soit que ces conclusions, fondées sur un corpus finalement limité, auraient besoin d'être renforcées par d'autres investigations, dépassant même le simple cadre des thèses de doctorat pour explorer celui des mémoires de DEA, de maîtrise, ou toute autre forme de publication même si une telle exploration n'était bien entendu pas envisageable dans le cadre de cette journée d'étude.

I. Analyse des tendances épistémologiques des trente dernières années.

A. Le faible intérêt pour l'objet syndical en tant que tel.

De cette analyse plusieurs faits émergent. On constate notamment que le syndicalisme en tant que tel occupe une place centrale dans ce corpus dans moins de la majorité des cas. En effet les travaux tels que ceux de Jean Louis Robert qui s'intéressait à la scission syndicale de 1921[1] ou ceux de Le Bars[2], sur le rôle de la FSU dans la transmission de la tradition syndicaliste révolutionnaire dans le mouvement syndical enseignant alors que la direction était le plus souvent communiste ou communisante, sont finalement relativement rares. Cette caractéristique s'accentue encore davantage si l'on s'intéresse aux recherches spécifiquement françaises. En effet parmi les travaux retenus dans cette catégorie, beaucoup ont été menés par des chercheurs qui s'intéressaient à des mouvements syndicaux étrangers, algérien[3] ou tunisien[4], par exemple. Enfin il faut préciser que dans ces travaux centrés sur le mouvement syndical, on note la faible représentation de ceux qui sont consacrés à ce dernier de manière globale. En effet ce sont bien souvent des corporations qui font l'objet de l'étude. Les recherches précédemment citées sur la FSU illustrent bien cette tendance mais il convient également de citer les travaux de Lee

---

[1] ROBERT (Jean-Louis), *La scission syndicale 1914-1921, essai de renaissance des formes*, sous la direction de Jacques Droz, 1975, Paris-I.

[2] LE BARS (Loïc), *La fédération unitaire de l'enseignement (1919-1935)*, sous la direction de Jacques Girault, Paris-I, 1998.

[3] BENALLEGUE (Chaouia*), Mouvement ouvrier, mouvement syndical en Algérie (1919-1954). Essai d'histoire sociale*, sous la direction de Claude Liauzu, 1990, Paris-VII.

[4] SBTITILI (Mohamed), *Les militants syndicaux en Tunisie (1920-1939) : analyse de la population syndicale militante*, sous la direction de Claude Liauzu, 1993, Paris-VII.

Yong Jae[1], lequel s'est intéressé aux réformes de structure survenues dans le syndicalisme du bâtiment au fil des conflits sociaux. Il a cherché à montrer comment on est passé d'un syndicalisme de métier à un syndicalisme de fédération. De même Fukasawa Atushi[2] s'est intéressé au mouvement syndical cheminot et Park Shin aux syndicalistes parisiens durant la première guerre mondiale, traitant plus particulièrement le problème de l'attitude de ces derniers face au problème de la participation à cette dernière[3].

B. Le syndicalisme étudié comme composante d'un objet.

A côté de ces travaux dans lesquels le syndicalisme trouve une place fondamentale, il s'en trouve d'autres, nombreux, qui ne l'abordent qu'au détour de recherches portant en fait sur un autre sujet. Ces derniers entrent dans diverses catégories plus ou moins poreuses telles que l'histoire sociale ou l'histoire politique, voire l'histoire du droit. Ainsi dans la première il faut citer les travaux de chercheurs tels que Michel Joël[4] qui en se penchant sur les mineurs d'Europe Occidentale du milieu du dix-neuvième siècle au début du vingtième, ont exploré les caractères de ces communautés humaines. Il aborde alors le syndicalisme dans la mesure où ce dernier contribue à la

---

[1] YONG JAE (Lee), *Syndicalisme de métier et syndicalisme de l'industrie : mutations et identités des ouvriers du bâtiment dans les années 1880-1914*, sous la direction de Jean-Louis Robert, Paris-I, 1998.

[2] ATUSHI (Fukusawa), *Histoire du syndicalisme cheminot en France. Des grèves générales à la grande guerre*, sous la direction de Antoine Prost, 1993, Paris-I.

[3] SHIN (Park), *Les syndicalistes parisiens et la guerre, 1908-1914 : une étude des pratiques militantes et des mentalités collectives*, sous la direction de Jean Louis Robert, 1995, Paris-I.

[4] MICHEL (Joël), *Le mouvement ouvrier chez les mineurs d'Europe Occidentale (Grande Bretagne, Belgique, France, Allemagne) : étude comparative des années 1880-1914*, sous la direction de Yves Lequin, 1987, Lyon-II.

structuration de ces groupes. Christian Chevandier[1] qui a centré son étude sur un groupe constitué par des ouvriers en intersection de deux corporations, les cheminots et les métallurgistes, cela dans le cadre des ateliers de réparation ferroviaires d'Oullins et durant une période qui s'étend du tournant du siècle à la fin des années 1930.

L'approche politique est également bien représentée. Il convient pour cela de citer les travaux de Serge Wolikow[2] qui aborde le cas de la CGTU comme l'une des composantes internationalistes du mouvement ouvrier français, dans une problématique générale fondée sur une vision empreinte de pluralité et pour tout dire de diversité du phénomène communiste. A l'opposé on trouve des chercheurs qui ne sont arrivés au mouvement syndical qu'en passant par une problématique articulée autour de l'étude d'un nationalisme. Ainsi Lasly Ahmed[3] montre ce que doit à ce dernier la structuration d'un mouvement syndical au Maroc, une unité par ailleurs remise en question une fois l'objectif d'indépendance atteint. Enfin, dans un autre registre, il convient d'évoquer la thèse soutenue par Alya Aglan[4]. Celle-ci portait sur le réseau de résistance Libération-Nord. Le mouvement syndical n'est alors abordé que dans le sens où l'on trouve à l'origine de ce réseau des militants chrétiens venant notamment de la CFTC ou issus de la tendance confédérée de la CGT, aux côtés de socialistes.

Ainsi il apparaît difficile de délimiter un champ historiographique explicitement centré sur le fait syndical.

---

[1] CHEVANDIER (Christian), *Cheminots en usine. Les ouvriers des ateliers de réparation ferroviaires d'Oullins du tournant du siècle à la nationalisation*, sous la direction de Yves Lequin, 1990, Lyon-II.

[2] WOLIKOW (Serge), *Le Parti Communiste Français et l'Internationale Communiste (1925-1933)*, sous la direction de Claude Willard, 1990, Paris-VIII.

[3] LASLY (Ahmed), *Syndicalisme et nationalisme au Maroc (1952-1963)*, sous la direction de Pierre Vayssiere, 1992, Toulouse-II.

[4] AGLAN (Alya), *Le mouvement Libération Nord (1940-1947), un engagement politique dans la résistance*, 1998, sous la direction de Jean-Pierre Azéma, IEP Paris.

Autrement dit, on peut affirmer l'absence d'une école française de l'histoire du syndicalisme comme cela a pu exister pour le fait politique par exemple. Pour expliquer cette situation peut-être faut-il chercher du côté de l'historiographie passée. A cet égard un premier constat s'impose : l'exploration de cet acteur collectif social et politique fut longtemps laissée aux militants, aux acteurs ou à leurs proches.

II. La part des acteurs du mouvement ouvrier.

A. Un intérêt précocement éveillé

On peut considérer que dès sa naissance le syndicalisme comme ensemble de structures, de militants et d'actions a éveillé l'intérêt. Ainsi Maxime Leroy en 1913 publiait chez Giard et Brière sa *Coutume ouvrière*. Cet ouvrage repose sur le dépouillement de sources variées et nombreuses, en particulier en ce qui concerne la presse. L'objet est alors étudié aussi bien sur le plan juridique que du point de vue des actions menées et peut donc être considéré comme une tentative de synthèse. On pourrait également citer d'autres auteurs aussi connus, bien que pour d'autres raisons, en particulier Léon Blum. Ce dernier s'est attaché à l'écriture d'une série de monographies sur les congrès syndicaux ou politiques alors que Daniel Halévy s'intéressait à la genèse de la Confédération Générale du Travail[1].

Mais finalement ces exemples restent relativement isolés : l'étude de l'histoire du mouvement syndical reste l'apanage des militants eux-mêmes. A cet égard la CGT occupe une place nettement dominante du fait de son ancienneté et de sa prééminence. Celle-ci ne sera pas remise en cause par la naissance de la CFTC même si cette dernière a également sécrété ses historiens, entre autre Paul Vignaux[2].

---

[1] BLUM (Léon), *Les congrès ouvriers et socialistes français*, Paris, G. Bellain, 1901 réédité en 1954 chez Albin Michel sous le titre : *L'œuvre de Blum*. HALEVY (Daniel), *Essai sur le mouvement ouvrier en France*, Paris, G. Bellain, 1901.

[2] Il fera partie des dirigeants conduiront la CFTC à l'évolution de 1964. Il est notamment l'auteur de nombreux articles, notamment dans le tome 10 de *L'encyclopédie française*.

Ainsi l'historicisation du mouvement syndical passe par une mise en perspective essentiellement interne, une dimension parfaitement assumée par ceux qui se livrent à ce travail. Lorsque Jean Bruhat et Marc Piolot publient leur *Esquisse de l'histoire de la CGT*, ils mettent fermement leur qualité de militants en avant pour se prévaloir de ce livre.

B. Une histoire de combat

D'autre part ces investigations, ces travaux de recherche sont menés dans un but bien précis : celui de l'édification et la formation des militants en leur montrant que leur action s'inscrit dans le sens de l'histoire, qu'elle est au sens le plus absolu du terme, juste. Il suffit pour le constater de se reporter à la préface de l'ouvrage déjà mentionné de Bruhat et Piolot :

> *« En préparant ces conférences, rassemblées dans ce modeste livre, nous avons songé surtout aux militants ouvriers, ceux dont le dévouement et le courage font la force de la CGT, à ceux qui consentent parfois de grands sacrifices pour assumer leurs responsabilités, nous avons voulu les aider non seulement à connaître le passé, mais aussi à en dégager les leçons pour les luttes présentes et à venir »*[1].

Si l'on ajoute à ces données le fait que ces deux militants soient animateurs du centre confédéral d'éducation ouvrière et donc chargés de l'élaboration des moyens de formation syndicale, on conçoit l'importance accordée à l'histoire dans la lutte menée. Celle-ci est une composante importante de la formation donnée à tout militant syndical, cela dès les premiers niveaux de cette formation[2].

---

[1] BRUHAT (Jean), PIOLOT (Marc), *Esquisse d'une histoire de la CGT*, Centre confédéral d'éducation ouvrière de la CGT, 1958 (deuxième édition).

[2] MAGNIADAS (Jean), *L'expérience française de la CGT en matière d'éducation syndicale et de recherche depuis la Seconde Guerre Mondiale*, pré-actes du colloque des 18-19-20 décembre 2000, Dijon.

Ce lien organique entre histoire du syndicalisme et plus largement du mouvement ouvrier avec les organisations elles-mêmes est conçu comme parfaitement légitime. Il est à cet égard frappant de voir figurer sur le tome 1 de l'histoire du mouvement ouvrier français de Jean Bruhat la mention suivante : « *publiée sous le patronage de la Confédération Générale du Travail* »[1]. On peut également citer la préface de Gaston Monmousseau alors secrétaire de la CGT, qui reprend des arguments proches de ceux formulés par Jean Bruhat et Georges Cogniot et précédemment soulignés :

> « *L'heure était venue d'écrire cette histoire, non seulement parce qu'elle est un guide : elle est aussi une source de confiance, car il n'est au pouvoir de personne d'arrêter la marche de l'histoire* »[2]

Cela conduit bien entendu à des visions des évènements historiques qui varient beaucoup selon le point de vue. Ainsi l'ouvrage publié par la CGT lors de son trentième anniversaire, à un moment où celle-ci suit une ligne dite réformiste[3], donne une vision très différente de celle publiée quelques années plus tard par un auteur émanant de la CGTU[4], chacun cherchant à justifier les choix faits par leur organisation respective et chacun visant néanmoins à faire des deux familles Cégétistes les seules organisations syndicales respectables et, pour tout dire, légitimes, dans un contexte marqué par la décente fondation de la CFTC.

A notre sens, il ne s'agit pas d'une orientation accidentelle mais d'une instrumentalisation consciente du discours historique. Cette vision de l'histoire comme instrument de lutte, comme une des dimensions de la culture nécessaire à

---

[1] BRUHAT (Jean), *Histoire du mouvement ouvrier français*, Tome 1er : *Des origines à la révolte des canuts*, Paris, Editions Sociales, 1952.
[2] BRUHAT, *op. cit.*, p. 12.
[3] Ouvrage collectif, *La CGT et le mouvement syndical. Livre du trentenaire*, Paris, 1925.
[4] GARMY (René), *Histoire du mouvement syndical en France*, Paris, Bureau d'Editions, deux tomes, 1932 et 1934.

tout militant n'est d'ailleurs pas éteinte, bien au contraire. Il suffit pour s'en rendre compte de se pencher sur ce qui s'est passé en 1995 et 1998, deux années marquées par des anniversaires importants pour la CGT comme pour la CGTFO qui célébraient ainsi l'une son centenaire, l'autre son cinquantenaire. Ces deux commémorations ont été marquées par la parution de divers ouvrages qui témoignent de la permanence cette instrumentalisation de l'histoire, surtout lorsqu'il s'agit de traiter des questions qui ont laissé des cicatrices. Ainsi la scission de décembre 1947 est vue de deux manières très différentes :

Dans l'ouvrage de la CGT l'analyse est la suivante :

> *« A la fin des grandes grèves de l'hiver 1947, c'est la scission de la CGT, elle aussi dictée et financée par les Américains comme l'ont établi de nombreux historiens »*[1].

Par contre l'Union Départementale FO de la Seine présente l'analyse suivante :

> *« Dès la Libération ou presque, de nouveaux problèmes se lèvent, aggravés par la guerre froide qui partage le monde, en 1947, en deux blocs. Une minorité de la CGT n'accepte pas de courber l'échine et de s'inféoder à Moscou (...) Les grèves politiques de 1947, voulues par le Parti Communiste, constituent ensuite le point de non-retour et rendent impossible la cohabitation des différentes tendances au sein d'une organisation unique »*[2].

Ainsi deux visions antagonistes du monde, de l'histoire, s'affrontent. Le seul point de rencontre décelable se situe sans doute dans l'analyse de la scission comme fruit d'une crise externe à l'organisation, il y a forcément un fauteur de division à accuser. Il faut y voir sans doute un élément de la culture

---

[1] *Le premier siècle de la CGT,* Paris, VO éditions, 1995.

[2] UD-FO Seine-Saint-Denis, *19 décembre 1947 : Force ouvrière*, Paris, Bruno Leprince Editeur, 1997, p. 16

politique dominant le mouvement syndical français, à savoir l'aspiration fondamentale à l'unité, un objectif d'autant plus martelé qu'il paraît la plupart du temps inaccessible à court ou moyen terme.

Cette vision, sur un plan purement scientifique, est sans aucun doute à nuancer pour le moins, mais ces deux exemples n'en traduisent pas moins une tendance dont les deux organisations citées n'ont d'ailleurs pas le monopole il suffit de se tourner vers l'autre famille syndicale française. En effet un événement tel que le congrès extraordinaire des 6 et 7 novembre 1964 qui marque l'évolution de la CFTC et la naissance de la CFDT est également interprété de manière très différente selon le point de vue duquel on se place[1].

Est-ce à dire que tous les travaux menés dans le cadre de cette histoire intérieure du mouvement syndical sont sans valeur ? Au contraire, tous ont au moins le mérite d'apporter des données de base qui sont utiles. Ils représentent également des informations sur la vision que les militants ont de leur passé puisque cette vision leur est inculquée dans le cadre de leur formation. Lorsqu'il s'agit d'explorer des champs tels que celui des représentations et in fine de la culture politique, cela n'est pas sans intérêt. D'autre part beaucoup sont reconnus comme de caractère scientifique, notamment ceux publiés dès 1937 par Georges Lefranc[2], également animateur du centre confédéral de formation de la CGT avant la seconde guerre mondiale. Comme il nous paraît aporétique d'envisager une histoire exclusivement faite sans ses acteurs, il serait pour le moins contre-productif de leur tourner le dos, de ne pas les intégrer sur un pied d'égalité aux travaux de recherche.

---

[1] Alors que les militants CFDT considèrent qu'il est le fruit d'un processus de choix absolument démocratique, ceux qui sont restés à la CFTC estiment au contraire que la décision finale ne fut emportée qu'à la suite d'une vaste entreprise d'intoxication.

[2] LEFRANC (Georges), *Histoire du mouvement syndical français*, Paris, Librairie syndicale, 1937. Publié à nouveau en 1946 sous le pseudonyme de Jean Montreuil, Lefranc ayant été compromis dans les organisations liées à la charte du travail de Vichy.

En effet, cette longue prééminence de l'histoire militante, histoire de combat et peut être même histoire-mémoire[1], sur l'histoire-scientifique tient sans doute à une attitude longtemps indifférente de la communauté universitaire à l'égard du mouvement ouvrier en général, du mouvement syndical en particulier.

III. Le long quant à soi de la communauté historienne.

A. L'exception et la règle.

Certes, quelques exceptions peuvent être repérées, notamment un professeur dijonnais : Edouard Dolléans[2]. Ce dernier publie entre 1936 et 1953 *une histoire du mouvement ouvrier* en trois tomes. Cet universitaire, proche de la pensée proudhonienne laisse apparaître ses sympathies pour le courant anarcho-syndicaliste. Mais il ressort toutefois de cette œuvre un intérêt profond pour la personnalité des acteurs, ce qui par ailleurs n'empêche pas un effort permanent pour replacer le mouvement syndical non seulement dans le contexte national, mais également dans l'environnement international, cet esprit de synthèse étant la preuve d'une certaine modernité. Dans son troisième volume transparaît également l'influence de Fernand Braudel[3] et son approche du temps dans le sens où l'auteur accorde une grande importance à l'articulation entre structure et conjoncture, tendances lourdes et contingences, ce qui montre s'il en était besoin que les thèmes qui agitent les annalistes à la

---

[1] Au sens ou l'entend Gérard Noiriel dans un ouvrage paru en 1999 chez Hachette : *Les origines républicaines de Vichy* (premier chapitre).

[2] DOLLEANS (Edouard), *Histoire du mouvement ouvrier,* Paris, A.Colin, T. 1 : 1830-1871, 1936 ; T. 2 : 1871-1920, 1939 ; T3 : 1940 à nos jours, 1953.

[3] Au travers de ses travaux, notamment sa thèse *sur La Méditerranée au temps de Philippe II,* publiée d'abord en 1949, il met en œuvre la notion de pluralité des durées. En simplifiant beaucoup, il distingue entre une histoire quasi immobile, des rapports de l'homme au milieu, une histoire des groupes humains et des structures et enfin une histoire à l'échelle des individus, plus proche de l'événement.

même époque, ne sont pas incompatibles avec une étude du mouvement ouvrier.

Pourtant il s'agit d'une exception et le manque d'enthousiasme de la part des universitaires pour le mouvement syndical peut surprendre. En effet les syndicats et plus généralement le mouvement ouvrier occupent de manière récurrente le devant de la scène au travers de mouvements sociaux importants. Ce fut le cas de l'année 1906 avec près de dix millions de journées de travail perdues et plus de 430000 grévistes[1], alors que la seule organisation syndicale en lice en appelait à un nouveau système social et politique par un processus de grève générale dont toute violence était loin d'être exclue dans les pratiques comme dans les paroles[2].

Ce paradoxe peut s'expliquer de différentes manières. Il est notamment possible d'invoquer des raisons d'ordre sociologique : l'université est alors et pour longtemps majoritairement peuplée de membres des classes moyennes et supérieures, un constat qui concerne tout particulièrement les chercheurs. Christophe Charles[3] évalue à près de 70% la part de ces classes alors que celle du groupe qu'il appelle « petite bourgeoisie et classes populaires » ne représente que 21%. Il est regrettable que la distinction ne soit pas faite entre les deux groupes. La probabilité est en effet forte que les individus issus des secondes sont alors plus rares que ceux venant des premières. On peut alors douter que cette communauté ait eu spontanément le réflexe de s'intéresser au mouvement ouvrier et en particulier aux organisations syndicales, d'autant que d'autres raisons, politiques, existaient. L'université française de la première moitié du 20e siècle a été dans un premier temps

---

[1] Chiffres tirés de l'ouvrage dirigé par WILLARD (Claude), *La France ouvrière,* Tome 1, Editions de l'atelier, Paris, 1995 p. 320.
[2] Voir à ce sujet : Antoine Prost et Manfred Bock, « Les ouvriers, les autres et l'Etat. Comparaison des paroles ouvrières » *in* ROBERT (Jean-Louis), BOLL (Friedhelm), PROST (Antoine), *L'invention des syndicalismes : le syndicalisme en Europe Occidentale à la fin du XIXe*, Paris, Publications de la Sorbonne, 1997.
[3] CHARLES (Christophe), *Les intellectuels en Europe au XIXe siècle, essai d'histoire comparée*, Paris, Seuil, 1996.

forgée par Napoléon Ier puis réformée en profondeur sous la 3e république alors qu'un important effort de recrutement d'enseignants était mené. Cette institution est donc liée à l'état républicain même si la loi de 1896 s'efforçait de lui donner une certaine autonomie. Or il s'agit du même pouvoir qui réprime les mouvements sociaux du début du vingtième siècle lorsqu'il ne cherche pas à les encadrer[1]. Enfin il faut invoquer des raisons d'ordre épistémologiques sans doute les plus prégnantes. Dans les années trente le mouvement syndical est en France un phénomène finalement relativement récent, dont l'existence légale est sanctionnée par la loi de 1884[2]. Or l'histoire du temps présent n'a trouvé en France une légitimité scientifique que durant les années 1980. Auparavant l'étude d'un phénomène dont il existait encore des témoins était souvent assimilée à du journalisme or on a vu précédemment que ce sont souvent des journalistes, le plus souvent engagés, qui s'intéressent à la question, Fernand Pelloutier en représente l'archétype[3].

Ces diverses raisons expliquent en partie pourquoi un courant historiographique tel que celui représenté par la revue *Les Annales d'histoire économique et sociale* ne se soit pas penché sur le sujet, tout au moins avant les années qui suivent la seconde guerre mondiale.

---

[1] KIEFFER (Monique), *Aux origines de la législation du travail en France. La légalisation des syndicats et la démocratisation des conseils de prud'hommes*, sous la direction de Madeleine Rebérioux, 1986, Paris-VIII.

[2] Même si des formes d'association tenant lieu de syndicat ont vu le jour dès le milieu du XIXe siècle, notamment sous couvert de sociétés de secours mutuel, lesquelles jouent un rôle matriciel finalement non négligeable.

[3] PELLOUTIER (Fernand), *Histoire des Bourses du Travail, origine, institutions, avenir*, Schleicher 1902, Costes 1946 ; Gordon et Breach, New York-Londres-Paris, 1971.

B. La naissance d'une historiographie historienne du syndicalisme.

En effet, à partir des années 50 se développe parallèlement un autre courant historiographique. Il est le fait d'une fraction du monde universitaire et se révèle assez dynamique puisque au cours des années 60 et 70 aboutissent de nombreux travaux qui donnent une nouvelle visibilité au mouvement ouvrier comme objet d'histoire, il s'agit d'une véritable conquête de légitimité scientifique. Cette montée en puissance commence à se concrétiser par la création le 18 avril 1949 de l'Institut français d'histoire sociale qui compte des animateurs comme Edouard Dolléans ou Georges Duveau. Il publie bientôt un bulletin, *L'actualité de l'histoire*, lequel change de nom en 1960 pour devenir *Le mouvement social.* A sa tête se trouve Jean Maitron, instituteur, ancien militant communiste, issu d'une famille anarchiste et qui a soutenu une thèse sur le mouvement anarchiste. Ce milieu affirme immédiatement et avec force sa volonté d'une indépendance à l'égard de l'objet d'étude, ce qui représente évidemment une rupture par rapport à l'histoire-mémoire précédemment évoquée.

Les explications du réveil du monde universitaire à ce champ d'investigation sont diverses. Le contexte social qui suit la libération a bien entendu joué un rôle : les divers mouvements qui composent le mouvement ouvrier français connaissent un essor inconnu jusqu'alors aussi bien du point de vue des adhérents que de celui de leur place dans la société et plus généralement dans la nation. En effet le mouvement ouvrier dans son ensemble a jusque-là souffert d'un déficit d'intégration à la construction nationale. Son rôle apparaissait davantage du domaine du désordre que de celui de l'ordre, il n'existait pour les historiens que lors des grands soirs et s'insérait alors dans une histoire politique au sens le plus restreint du terme.

Mais l'action d'organisations telles que le PCF, ainsi que les agissements de centrales syndicales comme la CGT et la

CFTC dans la résistance et bien entendu les sacrifices consentis, ont conféré à ces dernières une aura qui les rendent digne d'intérêt et d'historicisation. Cela, d'autant plus qu'il est agité de tensions et de crises qui lui confèrent une visibilité certaine. Mais peut être faudrait-il également chercher du côté d'un renouvellement du monde des chercheurs. On peut en effet se demander si une très relative démocratisation du recrutement des chercheurs n'a pas joué un rôle dans cette évolution à la lumière de ce qui s'est passé pour un autre champ historiographique. En effet l'émergence de l'histoire des femmes ensuite devenue l'histoire du genre féminin dans la seconde moitié des années 1960 a procédé d'un même phénomène : Michelle Perrot explique en effet que l'entrée plus fréquente des filles dans l'enseignement supérieur et la demande de sujets de recherche portant sur le genre ont eu des conséquences réelles[1].

Quoi qu'il en soit, les résultats des travaux lancés durant cette période sont importants. L'apogée se situe durant les années 1960 et 1970 où de nombreuses approches sont tentées qui ont permit de très conséquentes avancées dans la connaissance du mouvement syndical et plus largement du mouvement ouvrier. Dans ce contexte la méthode biographique joue un rôle non négligeable avec une galerie de portraits de personnages aussi divers que Léon Jouhaux[2] ou Fernand Pelloutier[3], représentant deux des trois grandes conceptions du syndicalisme laïc de l'époque. Voient également le jour des études de groupes. Ainsi tandis que Jean Maitron lance l'idée d'un vaste dictionnaire biographique, Rolande Trempé s'intéresse aux mineurs de Carmaux[4] et Antoine Prost essaie de trancher la difficile question des effectifs syndicaux par une

---

[1] PERROT (Michelle), *Les femmes ou les silences de l'histoire*, Paris, Flammarion, 1998

[2] BERNARD (Georges), TINTANT (Denise), *Léon Jouhaux. Des origines à 1921*, Paris, PUF, 1962.

[3] JULLIARD (Jacques), *Fernand Pelloutier et les origines du syndicalisme d'action directe*, Paris, Seuil, 1971.

[4] TREMPE (Rolande), *Les mineurs de Carmaux 1848-1914*, Paris, Ed. ouvrières, 1971.

étude de la CGT au moment du Front Populaire dans une démarche au caractère très novateur[1]. Il n'est pas étonnant de voir au même moment la publication de plusieurs ouvrages s'efforçant de faire la synthèse des connaissances sur le mouvement ouvrier. On peut à cet égard citer les livres de Jean Bron[2] ou la vaste synthèse produite par Jacques Droz[3].

Ce champ historiographique s'enrichit de surcroît de son croisement avec d'autres objets de recherches également en train d'émerger. A cet égard il convient de citer l'exemple de l'histoire des femmes déjà évoquée et qui s'intéresse de près au mouvement ouvrier. La fin des années 1960 et les années 1970 voient par exemple la publication des travaux de Marie-Hélène Zilberberg-Hocquard qui s'intéresse notamment à la place que les femmes y tiennent[4].

Le bilan de cette période en ce qui concerne l'histoire du mouvement ouvrier est donc impressionnant, surtout s'il est confronté au paysage historiographique qui lui a fait place à tel point qu'on aurait même tendance aujourd'hui à parler d'un âge d'or. Néanmoins, parmi les réserves qui doivent conduire à nuancer le propos, on doit signaler que les remarques faites précédemment, concernant la rareté des travaux portant sur l'objet syndical en tant que tel, restent pour une part valables. Il apparaît souvent comme élément de travaux plus généraux, notamment lorsqu'il s'agit de s'intéresser à lui comme animateur du mouvement social. Il existe donc à notre sens une relative continuité de ce point de vue avec les tendances actuelles, lesquelles témoignent par ailleurs d'un certain dynamisme tant du point de vue des problématiques que de

---

[1] PROST (Antoine), *La CGT à l'époque du Front Populaire, 1934-1939,* Paris, Armand Colin, 1964.

[2] BRON (Jean), *Histoire du mouvement ouvrier français,* 3 volumes, Paris, Editions ouvrières, 1982.

[3] DROZ (Jacques), *Histoire générale du socialisme*, 4 volumes, Paris, PUF, 1974 pour la première édition.

[4] Elle publie notamment, en 1978, *Féminisme et syndicalisme en France*, chez Anthropos et, en 1981, *Femmes et féminisme dans le mouvement ouvrier français*, aux Editions ouvrières.

celui des méthodes. Toutefois la crise du paradigme marxiste et celle, subséquemment, de l'école mise en place par Labrousse, même amendée par les tenants de la Nouvelle Histoire, n'ont pas préservé l'historiographie du mouvement syndical d'une série de turbulences bien que des précautions doivent être prises.

C. Nouveaux lieux, nouveaux champs, nouvelles approches.

François Dosse choisissait pour le titre de son ouvrage l'image d'une historiographie en miettes[1]. C'est bien cette image qui semble dominer lorsque l'on cherche à caractériser la manière dont on fait l'histoire directement ou par induction du syndicalisme. De ce fait il est impossible ici de chercher à atteindre une dimension d'exhaustivité dans la description de cet atelier de l'historien, aussi préférons-nous montrer la vitalité de ce courant autour de deux points d'ancrage. L'un porte sur l'objet étudié, l'autre sur la manière de le faire.

Il nous semble en effet qu'il ne faut pas confondre crise du syndicalisme[2] et crise de l'historiographie du syndicalisme. En effet les recherches prenant en écharpe cet objet ou bien le plaçant au centre des préoccupations des chercheurs restent d'une grande richesse même s'il est souvent difficile de faire la part des choses entre histoire et autres sciences humaines, tout au moins en ce qui concerne les méthodes utilisées. En effet d'un point de vue purement euristique, il existe une proximité réelle entre les différents acteurs de la recherche. La crise du mouvement syndical a, un peu cruellement, donné naissance à de nouvelles préoccupations tandis que la rencontre entre chercheurs et militants, notamment dans de nouveaux lieux de recherches semble ouvrir de nouvelles pistes.

---

[1] DOSSE (François), *L'histoire en miettes : des « Annales » à la « nouvelle histoire »,* Agora-Pocket, 1997, (réédition).

[2] Si cette dernière semble admise par la plupart des acteurs et des chercheurs, d'autres en contestent sinon la réalité, du moins la profondeur en arguant du fait que le modèle syndical français s'est, dès l'origine, construit sur le mode minoritaire.

Ainsi, parmi les problématiques préoccupant les chercheurs, la crise du syndicalisme arrive nettement en tête. Cette tendance est née avec les années 80. Dès 1982, dans un ouvrage consacré à la CGT René Mouriaux explique :

> *« Les thèses s'affrontent sur la cause de son affaiblissement. L'effritement de la base sociale traditionnelle à la centrale explique une part du phénomène : la réduction des effectifs de la mine, de la sidérurgie, des chemins de fer, n'épuise pas le problème. La centrale a éprouvé des difficultés à prendre en compte l'évolution de la mentalité des jeunes, des femmes, des immigrés, des travailleurs à statut précaire ou des branches nouvelles de l'économie (...) Le recul qui l'affecte, sensible à la fin des années 70, sera-t-il enrayé ou relève-t-il d'un processus inexorable de déclin ? »*[1].

Certes René Mouriaux est au départ un politologue plus qu'un historien, mais il s'agit également d'un chercheur qui se situe la plupart du temps au point de rencontre des deux sciences dans la mesure où ses travaux ont un versant et une perspective historiques. De surcroît il n'en reste pas moins qu'il pose clairement les termes d'une problématique qui, sous une forme ou sous une autre, sera reprise par ailleurs à de nombreuses reprises, y compris par lui-même[2].

Ainsi Michel Dreyfus dans l'introduction de l'un des rares ouvrages récents et de synthèse sur l'histoire de la CGT met en perspective la différence commémorative existant entre le centenaire de cette organisation et celui du cinéma. Il explique notamment :

---

[1] MOURIAUX (René), *La CGT*, Paris, Seuil, 1982.

[2] Il récidive en 1990 et en 1998 avec deux ouvrages consacrés cette fois à la crise du syndicalisme en général. De même en 1992 avec Guy GROUX, il publie un ouvrage intitulé *: CGT, crises et alternatives,* publié chez Economica en 1992 qui traite largement de ce thème.

> *« Faut-il voir dans cette relative discrétion qui a caractérisé le centenaire de la CGT un signe supplémentaire de la désaffection qui (...) frappe le syndicalisme aujourd'hui ? Après avoir connu son apogée dans les trois décennies qui ont suivi la libération, ce dernier connaît des difficultés indiscutables (...) Sont-elles passagères ou traduisent-elles une mutation irréversible de notre société dans laquelle, depuis vingt ans, le poids de la classe ouvrière ne cesse de diminuer ? »*[1]

En outre, il intitule l'un des derniers chapitres de son livre « c'est la crise finale ? » ce qui n'est pas sans révéler une certaine vision des choses même si la précaution interrogative existe. Les termes du problème sont donc sensiblement les mêmes avec toutefois une volonté de nuancer davantage de la part de Michel Dreyfus.

Ainsi, que l'on s'attache à une analyse purement quantitative ou que l'on cherche à l'approcher par des critères d'ordre qualitatifs, la problématique dominante pour une part significative des chercheurs, est bien celle de l'origine, des formes, et des conséquences de la crise du syndicalisme voire plus largement du militantisme[2]. Cette question est par ailleurs suffisamment prégnante pour donner lieu à un débat sur la réalité même de cette crise dans la mesure où certains la nient ou tout au moins cherchent à en nuancer le poids. C'est notamment le cas de certains sociologues qui estiment que la faible syndicalisation est finalement une constante dans le modèle syndical français et que, en outre, la désyndicalisation est un phénomène qui touche en fait l'ensemble du monde développé[3].

---

[1] DREYFUS (Michel), *Histoire de la CGT,* Editions complexes, Bruxelles, 1995. p. 9.

[2] ION (Jacques), *La fin des militants,* Editions de l'Atelier, Paris, 1997.

[3] UBBIALI (Georges), « Syndicalisme en crise, syndicalisme en mutation », *Politix*, n°23, 1993, pp. 84 -101. Figure également dans

Mais quelle que soit la question posée, les démarches choisies pour y répondre marquent l'objet. Il importe donc de faire le point sur ce sujet. En schématisant à l'extrême tant le spectre des approches est large, deux voies limitent ce dernier et s'offrent à l'historien : la première consiste à étudier le mouvement syndical comme un élément isolé, en limitant les mises en perspectives. C'est le choix le plus fréquent de ceux qui travaillent de manière quantitativiste. L'ouvrage de Dominique Labbé, sociologue ayant une approche diachronique, nous offre à cet égard un exemple achevé, avec un travail certes très documenté, mais qui fini à notre sens par donner du syndicalisme et de ses organisations la vision d'une accumulation de statistiques inertes bien que d'une grande utilité pour la connaissance du paysage syndical français depuis la Libération.

A l'opposé, une autre approche consiste au contraire à s'intéresser d'abord au militant et à le voir évoluer dans son milieu, au contact d'autres acteurs et, plus globalement, d'une société. L'inscription dans un ensemble de réseaux, dont le fait syndical est un des éléments principaux, fait partie des préoccupations scientifiques d'une partie de ceux qui travaillent aujourd'hui sur le phénomène partisan[1]. C'est notamment le fond des démarches ayant trait à la biographie et cela peut être le résultat des travaux fondés sur la biographie collective[2]. A cet égard il peut être utile de rappeler qu'un colloque s'est tenu à Paris il y a quelques années, au Centre de Recherche de l'université de Paris I avec le concours du CNRS qui a abouti à la publication d'un ouvrage dont l'avant-propos résume bien l'intérêt de cette démarche au moyen d'études portant sur des exemples empiriques :

---

cet article un panorama impressionniste mais éclairant des diverses interprétations et analyses de ce phénomène.

[1] Une préoccupation dont les historiens ne sont pas absents, on peut notamment les travaux de Thierry Hohl sur les milieux socialistes pour les historiens. D'autres disciplines s'impliquent également : Frédéric Sawicki pour les politistes, Michel Offerlé pour les sociologues.

[2] On peut également utiliser l'expression prosopographie.

« Pour le mouvement ouvrier, il n'est de richesse que d'hommes et de femmes. Peut-on envisager une histoire ouvrière qui n'irait pas à leur recherche dans les régions, dans les villes, dans les campagnes, sur leurs lieux de travail, d'habitat ou de militantisme ? Comment faire l'histoire des courants de pensée et des organisations sans savoir qui relaie les idées et qui implante les partis et les syndicats ? Comment analyser les congrès sans prendre en compte l'expérience des délégués ? Comment étudier les grèves sans savoir qui en sont les animateurs ? »[1].

On l'aura compris, il s'agit pour ce courant historiographique de replacer le militant au centre de l'histoire du mouvement ouvrier. Il est bien entendu que l'intérêt pour le militant et son parcours ne sont pas une nouveauté en soit : la biographie n'a jamais cessé de sous tendre des travaux mais pendant longtemps elle a surtout été le fait de sociologues au travers de récits de vie ou d'entretiens.

Certes, dès 1955 Jean Maitron a eu l'idée de constituer un dictionnaire biographique et cette entreprise est un succès puisque 44 volumes du *Dictionnaire biographique du mouvement ouvrier français* sont parus depuis 1964. Cette entreprise perdure aujourd'hui et les recherches portant sur une période allant de 1940 à 1968 sont avancées.

Mais, malgré ces prémices, il semble que le basculement historiographique se situe à la fin des années 70 avec ensuite une réelle montée en puissance, un mouvement au sein duquel s'inscrit pleinement notre période. Ainsi, dans un autre domaine que celui qui nous intéresse, mais qui n'est pas sans parenté, il faut rappeler que Rémy Skoutelsky a soutenu sa thèse sur les engagés français dans les brigades internationales

---

1 DREYFUS (Michel), PENNETIER (Claude), VIET-DEPAULE (Nathalie), *La part des militants*, Ed. Atelier, 1996. p. 7.

au cours de la guerre d'Espagne[1]. En ce qui concerne la biographie individuelle nous devons également citer les travaux de Jean Vigreux sur le parcours de Waldeck Rochet. Dans le champ du syndicalisme, Franck Georgi a récemment publié une biographie d'Eugène Descamps[2] et Colette Chambelland s'est attachée à retracer la vie de Pierre Monatte[3] .

De fait, dans le seul domaine du syndicalisme et des organisations qui lui sont liées, la richesse de la démarche est réelle dans la mesure où les corpus pouvant donner lieu à une étude sont très divers comme l'indique la teneur des interventions lors du colloque précédemment cité : catégorielles avec l'approche des militants cheminots[4], mais aussi diachroniques avec l'étude des évolutions du milieu des militants parisiens au filtre de la première guerre mondiale[5]

Cela est suffisamment important pour permettre aux historiens de réinvestir des problématiques jusque-là laissées aux autres sciences humaines. Ainsi celle de l'engagement, qui n'est pas incompatible avec le questionnement sur la crise du syndicalisme comme on peut l'imaginer, et qui fut le fil conducteur d'un séminaire d'histoire contemporaine du DEA de l'Université de Bourgogne. D'autre part, il faut rappeler que ce thème a été choisi par la revue *Vingtième siècle* un numéro paru en 1998. L'engagement syndical y tient une place non

---

1 Cette a rapidement été publiée sous le titre : *L'espoir guidait leurs pas. Les volontaires français dans les Brigades internationales, 1936-1939*, Paris, Grasset, 1998.

2 GEORGI (Franck), *Eugène Descamps, chrétien et syndicaliste*, Paris, Ed. Atelier, 1997.

3 CHAMBELLAND (Colette), *Pierre Monatte, une autre voix syndicaliste*, Paris, Ed. Atelier, 1999.

4 RIBEILL (Georges), « Les militants cheminots : quelques approches à partir du Maitron », *in* DREYFUS (Michel), PENNETIER (Claude), VIET-DEPAULE (Nathalie), *La part des militants*, Paris, Ed. Atelier, 1996, pp. 133-145.

5 ROBERT (Jean-Louis), *Les militants syndicalistes parisiens et la grande guerre : renouvellement ou stabilisation*, *op. cit.*, pp. 145-157.

négligeable comme Joël Michel le démontre[1] même si ce dernier prend une forme particulière, marquée par une plus grande dimension collective, un caractère sans doute moins aigu mais marqué par une incarnation dans la plus longue durée, à l'échelle d'une vie en tous les cas.

Les problématiques du jour dont nous n'avons présenté qu'un mince aperçu sont là pour démontrer une certaine vitalité de l'histoire du syndicalisme malgré des lacunes largement exposées et sur lesquelles il n'est pas besoin de revenir. Ce dynamisme trouve pour une part son origine dans la rencontre sur le terrain de la recherche des militants et des chercheurs. En effet, il n'est pas neutre de constater qu'au même moment les deux principales centrales syndicales de France aient pris conscience du problème de leurs archives et l'aient formulé en termes de latitude d'accès aux chercheurs. Ainsi, le déménagement dans de nouveaux locaux à Montreuil a été pour la CGT l'occasion de faire aboutir une réflexion entamée au préalable avec la fondation d'un centre confédéral d'archives en 1982 accompagné par la création d'un Institut d'histoire social dont le but est, « *entre autres, et en coopération avec le monde universitaire, de valoriser les archives de la CGT et de ses organisations* »[2]. Aujourd'hui ce centre fonctionne et peut se targuer de nombreuses publications et autres rencontres scientifiques[3]. De même la CFDT a créé en 1985 un service des archives confédérales, là encore à la suite d'un déménagement du siège de la confédération. Il s'agit uniquement de rassembler les archives confédérales, celles des organisations affiliées étant laissées à la disposition de ces dernières.

---

[1] « Les engagements au vingtième siècle » ; *Vingtième siècle*, n° 60, oct.-déc. 1998.

[2] SINNO (Henri), « Les archives syndicales de la CGT », *Cahiers de l'IHTP*, n° 67, p. 42.

[3] Un colloque international s'est tenu à Dijon qui a permis la confrontation de travaux émanant de la plupart des sciences humaines. Une partie des actes a été publiée aux éditions Syllepse, sous la dir. de REGIN (Tania), WOLIKOW (Serge), *Les syndicalismes en Europe*, trois volumes, 2002.

L'institution n'est pas en dehors de cette évolution comme l'indique la création du Centre des archives du monde du travail. Ce dernier est installé à Roubaix et est né d'un projet élaboré par le ministère de la culture en 1981. Il s'agissait de s'assurer de la sauvegarde, mais aussi de la mise en valeur des archives du monde du travail. La définition donnée à ces sources dépasse largement le seul champ du syndicalisme puisqu'elles comprennent également les documents *« issus des activités économiques et sociales, les archives industrielles, commerciales, artisanales, agricoles, des banques (...) ainsi que les archives des syndicats patronaux et ouvriers »*[1].

Le choix de la localisation de ce centre dans le Nord de la France s'explique bien entendu par le passé historique de la région ainsi que par la conjoncture économique, politique et sociale du début des années 80. La volonté de conserver la mémoire d'un monde qui disparaissait à un rythme soutenu a donc été un puissant moteur. Il est par ailleurs significatif qu'il soit installé dans les locaux d'une ancienne filature. On trouve là, en arrière plan, la constitution, préméditée ou non, d'un véritable lieu de mémoire.

Le centre a ouvert officiellement en octobre 1993 et a depuis acquis son rythme de croisière. Mais il est nécessaire de préciser davantage quelles en sont les missions puisqu'elles se rattachent explicitement à nos interrogations. Comme cela a déjà été précisé, le programme de 1985 ne bornait pas la mission de ce centre à la collecte, au traitement et a la conservation de la mémoire du monde du travail, il mettait également l'accent sur la nécessité de voir des activités de recherche menées autour des fonds collectés. Ainsi l'objectif désigné était de *« faire de ce centre un instrument de valorisation de la recherche par l'organisation régulière de colloques et de réunions en liaison avec l'université »*[2].

---

[1] *Bulletin IHTP*, n° 55, mars 1994, p 33
[2] *Idem.*

Un premier bilan tiré en 1994 était pour le moins mesuré, il en ressortait que les activités du centre avaient été extrêmement importantes dans le domaine de la collecte et de la conservation d'archives. Par contre les activités liées à la valorisation des recherches menées restent mineures, ce qui témoigne de la difficulté à mener à bien ces entreprises.

Conclusion

Que l'on ne s'y trompe pas ! Il n'était pas dans notre intention de prétendre à une santé rayonnante de la recherche sur le syndicalisme ou sur le mouvement ouvrier. Simplement, il s'agissait de montrer que, a tout le moins sur un plan qualitatif, des lieux de recherche existent, qu'ils sont productifs et ils peuvent l'être encore davantage. A notre sens cela passe notamment par la création de nouveaux lieux de retrouvailles entre le monde militant et la communauté scientifique et par la construction de nouvelles sources permettant d'améliorer les voies d'accès à la réalité historique du mouvement syndical : les fonds privés ou d'organisations doivent être identifiés, réunis, inventoriés, exploités avant de disparaître ; les mémoires doivent être sollicitées et recueillies[1]. C'est peut être un des moyens de rendre au mouvement syndical la place qui doit être la sienne dans la production historique française.

Bibliographie complémentaire

Le syndicalisme vu par quelques-uns uns de ses acteurs.

Ici, nous avons cherché à donner un échantillonnage représentant la diversité du paysage syndical français actuel. Dans chaque famille syndicale des militants, plus ou moins armés, ont cherché à donner une vision historique du parcours de leur organisation. Ces quelques références portent témoignage de l'existence d'une histoire engagée, de combat,

---

[1] Cela peut d'ailleurs être fait à l'échelle locale : c'est notamment ce à quoi s'attache l'association ADIAMOS, fondée en 1993, basée à Chenôve en Côte d'Or et disposant d'antennes dans plusieurs départements de Bourgogne et en Haute-Marne.

située. Elle participe de l'existence de représentations qui se télescopent, entrent en résonance et dont l'historien doit savoir tirer parti.

- BRUHAT (Jean), PIOLOT (Marc), *Esquisse d'une histoire de la CGT*, Paris, CGT, 1986.
- LEFRANC (Georges), *Le mouvement syndical de la Libération aux événements de mai-juin 1968*, Paris, Payot, 1969.
- MONATTE (Pierre), *Trois scissions syndicales*, Paris, Editions ouvrières, 1969.
- TESSIER (Jacques), *La CFTC, comment fut maintenu le syndicalisme chrétien ?*, Paris, Fayard, 1987.
- VIGNAUX (Paul), *De la CFTC à la CFDT. Syndicalisme et socialisme. Reconstruction 1946-1972*, Paris, Editions ouvrières, 1980

Synthèses portant sur la question syndicale :

- REYNAUD (Jean-Daniel), *Les syndicats en France*, Paris, Seuil, 1975 pour la deuxième édition.
- MOURIAUX (René), *Le syndicalisme français*, Paris, PUF, 1992[1].
- SAGNES (Jean), dir., *Histoire du syndicalisme dans le monde des origines à nos jours*, Toulouse, Privat, 1994.

Chaque organisation syndicale a fait l'objet de nombreuses monographies, notamment les références suivantes :

- DREYFUS (Michel), *Histoire de la CGT*, Bruxelles, Complexe, 1995.
- GEORGI (Franck), *L'invention de la CFDT (1957-1970)*, Paris, Atelier/CNRS éd., 1995.

[1] Bien que politologue, René Mouriaux opte la plupart du temps pour une démarche très historisante, c'est pourquoi nous nous permettons de l'inclure dans cette biographie.

- BERGOUNIOUX (Alain), *Force Ouvrière*, Paris, PUF, 1982.

Ouvrages thématisés :

Parmi les problématiques dominant les années 1990, on note la forte présence d'interrogations sur les difficultés rencontrées par le syndicalisme en France comme en Europe. Certains parlent de crise, d'autres préfèrent nuancer, invoquant la continuité structurelle du modèle syndical français. On peut dés lors citer plusieurs ouvrages traitant de ce sujet et laissant une place à la science historique bien que souvent dirigés par des chercheurs d'autres sciences sociales. En effet les historiens sont relativement peu présents dans champ.

- MOURIAUX (René), *Crises du syndicalisme français*, Paris, Montchrestien, 1998.
- LABBE (Dominique), COURTOIS (Stéphane), (eds.), *Regards sur la crise du syndicalisme*, Paris, L'Harmattan, 2001.
- BIBES (Geneviève), MOURIAUX (René), *Les syndicats européens à l'épreuve*, Paris, Presses de la FNSP, 1990.
- NEZOSI (Gilles), *La fin de l'homme de fer. Syndicalisme et crise de la sidérurgie*, Paris, L'Harmattan, 1999.

Comme nous avons cherché à le montrer dans notre communication, il est assez difficile de trouver des personnes plaçant le syndicalisme au centre de leur démarche. Au-delà des références citées précédemment, on peut encore citer comme exemples représentatifs de cette difficulté :

- DREYFUS (Michel), *Liberté, égalité, mutualité : mutualisme et syndicalisme, 1852-1967*, Paris, Atelier, 2001.
- GIRAULT (Jacques), *Benoît Frachon, communiste et syndicaliste*, Paris, Presses de la FNSP, 1989.

Ou encore, bien que plus ancien :

- BRANCIARD (Michel), *Syndicat et partis, autonomie ou dépendance*, 2 tomes, Paris, Syros, 1982.

Chapitre 5

Quelle place pour le syndicalisme dans les sciences de gestion ? Vers une régulation conjointe ?

Françoise PIERSON
Université de Franche-Comté

L'étude du syndicalisme par les sciences de gestion[1] apparaît plutôt rarement en France. La cause de cet « oubli » ou peut-être « négligence » est double : d'une part les gestionnaires s'intéressent peu voire très peu au syndicalisme et d'une façon générale aux relations professionnelles, d'autre part le syndicalisme lui-même se méfie traditionnellement de la gestion.

En effet, il y a souvent dans les esprits incompatibilité voir contradiction entre le syndicalisme et les sciences de gestion. Il faut reconnaître, lorsque l'on analyse la littérature, que des disciplines tels que la sociologie, la psychologie sociale, l'économie, l'histoire ou encore le droit font du syndicalisme et des relations professionnelles un sujet central. La gestion quant à elle développe peu cette question. Pire encore, il semble parfois que le syndicalisme (c.-à-d. les acteurs syndicaux, les actions syndicales et leurs idéologies)

---

[1] Nous utiliserons indifféremment les expressions « sciences de gestion » et « gestion » pour désigner ce domaine. L'objectif de ce travail n'est pas, en effet, de discuter de la gestion en tant que science, mais de présenter ses enjeux centraux et la place qu'elle accorde ou peut accorder à la question du syndicalisme.

s'intéressent plus à la gestion que la gestion ne s'intéresse au syndicalisme.

S'interroger sur les liens existants entre le syndicalisme et les sciences de gestion peut paraître dans un premier temps provocant. Or, le dépassement des a priori et des représentations est nécessaire et annonce un possible travail en commun entre le syndicalisme et les sciences de gestion et peut-être même entre les sciences de gestion et d'autres sciences sociales et humaines.

Tout d'abord, peut-on véritablement dire que le syndicalisme et la gestion sont de véritables adversaires ? Afin de répondre à cette question, il est nécessaire de mener une réflexion sur les sciences de gestion. Une problématique commune au syndicalisme et à la gestion apparaîtra alors : celle de l'articulation entre l'individuel et le collectif.

D'autre part, il semble que certaines évolutions en œuvre en France depuis quelques années annoncent une coopération possible. La conclusion d'un nombre croissant d'accords collectifs d'entreprise rend ainsi possible l'existence d'une régulation conjointe (Reynaud, 1989) en même temps source de performance et de démocratie organisationnelle.

I. *Le syndicalisme et la gestion. Adversaires ou partenaires ?*

En effet, la question du syndicalisme est très souvent une question « tabou » pour les gestionnaires, de même que la gestion est souvent une question « tabou » pour le syndicalisme (Lojkine J., 1996).

Du point de vue des sciences de gestion, un rapide état des lieux montre que cette discipline prend peu en compte la question syndicale en France. Pourtant, un des objets centraux des sciences de gestion est commun avec celui du syndicalisme et d'autres sciences humaines : il s'agit de l'importante question de l'individuel et du collectif et de leur articulation.

A. L'état des lieux : comment les gestionnaires perçoivent-ils et analysent-ils le syndicalisme en France ?

Il convient tout d'abord de s'interroger sur l'identité des gestionnaires. Pour ce faire, il convient de distinguer trois catégories d'acteurs : les enseignants, les chercheurs, et les praticiens. Tous trois ont une perception différente du syndicalisme. D'autre part, au sein même de chaque catégorie d'acteur, les approches de l'objet syndical peuvent varier. En observant la place que chacun accorde au syndicalisme nous pourrons avoir un premier aperçu des liens (ou de l'absence de liens) qui unissent (ou qui désunissent) le syndicalisme et les sciences de gestion.

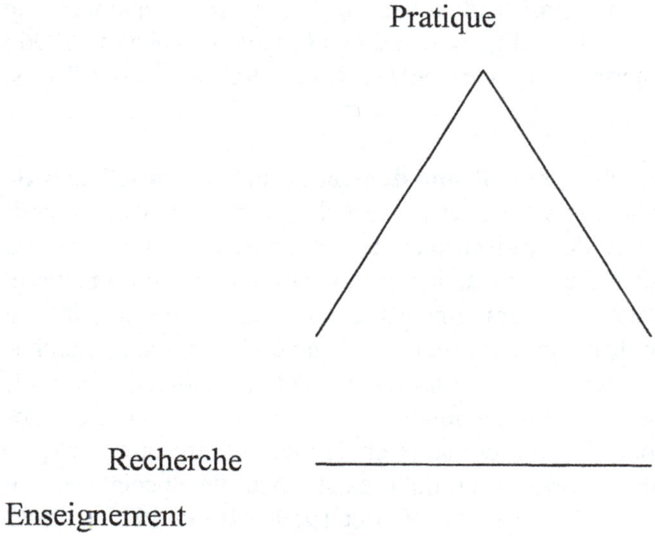

*** La place du syndicalisme dans l'enseignement des sciences de gestion :** une étude du contenu des enseignements en gestion en France montre clairement que la place accordée au syndicalisme (et d'une façon générale aux relations professionnelles) est très faible si ce n'est inexistante. Certes, les formations en gestion se développent aujourd'hui de manière importante et sont devenues très variées. Mais il demeure incontestable que des enseignements consacrés à ce sujet sont extrêmement rares. Les formations de généralistes en gestion (telles que la maîtrise de sciences de gestion) ou les formations plus orientées vers la gestion des ressources humaines n'abordent pratiquement jamais la question du syndicalisme. La gestion des ressources humaines qui s'intéresse à la place de l'Homme au sein des organisations (et qui aujourd'hui encore fait figure de « parent pauvre » en gestion) aurait la possibilité d'accorder une place importante aux relations professionnelles. Mais elle ne le fait pas. Elle se contente la plupart du temps d'aborder des questions certes importantes telles que le recrutement, la rémunération, la formation... Une observation attentive des manuels de gestion des ressources humaines en France montre que seule une minorité d'entre eux considère que les relations professionnelles et plus spécifiquement le syndicalisme sont dignes d'intérêt (Amadieu et Rojot, 1996 ; Cadin, Guérin et Pigeyre, 1997[1] ; Rojot, 1989 ou encore Weiss, 1988).

* **La place du syndicalisme dans la recherche en sciences de gestion :** le constat est ici très proche du précédent. L'objectif n'est pas ici de réaliser une liste exhaustive des différentes recherches effectuées par les gestionnaires dans ce domaine et nous serons d'ailleurs amenés à en mentionner certaines à l'occasion de ce travail. D'une façon générale, peu de recherches sont effectuées par des gestionnaires sur le syndicalisme et sur les relations professionnelles. Un rapide tour d'horizon des publications dans ce domaine en France montre que quelques noms sont récurrents et qu'il existe peu de spécialistes du domaine (p. ex. Amadieu, 1986 et 1989 ; Rojot, 1977 et 1987 ou encore Weiss, 1975 et 1981). D'une façon générale, les recherches réalisées en gestion des ressources humaines traitent peu du syndicalisme et des relations professionnelles.

[1] Ces auteurs consacrent la première partie de leur ouvrage aux « Choix fondamentaux de politique sociale de l'organisation » et débutent celle-ci par l'étude des relations professionnelles.

*** La place du syndicalisme dans la pratique gestionnaire :** c'est peut-être sur le terrain que la question syndicale est prise en compte de manière plus évidente. Cela ne signifie pas pour autant que les praticiens de la gestion s'intéressent au syndicalisme et qu'ils considèrent que celui-ci doit jouer un rôle important au sein des organisations, mais ces acteurs de la gestion sont amenés du fait de l'existence du droit du travail à intégrer dans leurs pratiques les acteurs syndicaux. L'objectif de ce travail n'est pas de nous interroger sur les raisons de ces pratiques d'entreprise relatives au syndicalisme mais simplement de les constater. Il semble en effet incontestable qu'il existe dans les organisations, et notamment dans les entreprises, une réticence face au syndicalisme. Celui-ci est souvent perçu comme une contrainte.

Certes, certains acteurs de la gestion des ressources humaines prétendent qu'ils souhaitent avoir face à eux des organisations syndicales « représentatives ». Mais il est sans doute nécessaire de distinguer les discours, les intentions et les pratiques. D'autre part, la prise en compte du syndicalisme par les praticiens de la gestion (si prise en compte il y a) est pour ceux-ci plus souvent le résultat d'une contrainte que d'une intention de faire participer l'acteur syndical à la prise de décision.

Ce rapide état des lieux de la perception du syndicalisme par les sciences de gestion qu'il s'agisse des enseignants, des chercheurs ou des praticiens montre que le « tabou » du syndicalisme est bien présent. Or, les sciences de gestion ont grand intérêt à s'intéresser au syndicalisme. Pour ce faire, il est nécessaire de tenter de définir les sciences de gestion.

B. Qu'est-ce que la gestion ? L'enjeu central de l'individuel et du collectif

Si les acteurs de la gestion sont les enseignants, les chercheurs et les praticiens, qu'est-ce qui les rassemble : en d'autres termes, qu'est-ce que la gestion ? Il existe, pour le moment, peu d'ouvrages ou de travaux épistémologiques tentant de définir les sciences de gestion (citons p. ex. Martinet, 1990 ; Bouilloud et Lécuyer, 1994). L'objectif des développements qui vont suivre est donc de proposer une définition des sciences de gestion en montrant que par essence elles peuvent intégrer la question du syndicalisme.

La définition traditionnelle proposée tend à mettre au premier plan la notion de performance c.-à-d. d'atteinte des objectifs que se fixe une organisation. Ainsi, dans un premier temps, il est possible de définir la gestion de la manière suivante : gérer, c'est prendre des décisions afin d'atteindre des objectifs.

Dans le domaine de la gestion des ressources humaines (branche de la gestion qui devrait intégrer à la question du syndicalisme) certains auteurs ont défini ainsi la notion de performance : il s'agit de *«la réalisation des objectifs organisationnels, quelle que soit la nature et la variété de ces objectifs. Cette réalisation peut se comprendre au sens strict (résultat, aboutissement) ou au sens large du processus qui mène au résultat (action) »* (Bourguignon, 1996, p. 20).

Ces objectifs peuvent être de nature individuelle ou collective. La question que doit donc se poser le gestionnaire (et notamment le gestionnaire des ressources humaines) est celle de l'articulation entre ces deux niveaux de performance. La performance collective concerne l'atteinte des objectifs stratégiques et organisationnels, tandis que la performance individuelle a trait aux objectifs individuels fixés à chaque salarié au sein de l'organisation.

Ces objectifs individuels sont censés favoriser l'atteinte des objectifs collectifs. En d'autres termes, la conception traditionnelle de la gestion est de noyer l'individu dans le collectif. Celui-ci devient une simple ressource dont il faut tirer partie pour que les objectifs de l'organisation soient atteints. Ainsi, les sciences de gestion (et notamment la gestion des ressources humaines) font rarement de l'être humain leur objectif premier. Dans le meilleur des cas, les sciences de gestion s'interrogent sur l'articulation entre les objectifs individuels et les objectifs collectifs, sur la place de l'individu au sein du collectif que constitue l'organisation. C'est sans doute la raison pour laquelle la performance est traditionnellement mise au premier plan par les sciences de gestion. Cela aboutit souvent à une absence de questionnements sur l'éthique en gestion et la gestion de l'éthique. Là encore, les chercheurs dans ce domaine s'intéressant à cette question sont rares (Bergmann, 1989 ou encore Mercier, 1999).

Depuis quelques années, certaines pratiques (et discours) en gestion prônent la décentralisation de la prise de décision ou encore l'autonomisation du salarié. Il s'agit ici de rendre plus performant le salarié individuellement afin de favoriser l'atteinte des objectifs collectifs de l'organisation. La plupart du temps, ces pratiques gestionnaires ont pour objectif la recherche de la flexibilité. Ce n'est donc pas l'individu lui-même qui est pris en compte, c'est l'individu en tant que ressource.

Nous voyons ici que comme d'autres sciences humaines, les sciences de gestion placent au centre de leurs réflexions la question de l'articulation entre l'individuel et le collectif. Dans cette optique, quel rôle peut jouer le syndicalisme ? Quelle place les sciences de gestion peuvent-elles et doivent-elles lui accorder ?

Afin de proposer une réponse à cette question, il convient au préalable de faire deux constatations :

- Les organisations syndicales sont des acteurs à part entière au sein de beaucoup d'organisations. Elles participent parfois au processus de prise de décision (à travers p. ex. la conclusion d'accords collectifs d'entreprise),

- Les organisations syndicales sont des organes de représentation des salariés et représentent donc un collectif. En effet, lorsqu'un accord collectif d'entreprise est conclu au sein d'une entreprise par une organisation syndicale représentative, il s'appliquera à l'ensemble des salariés de l'entreprise. Là encore, la problématique de la représentation du collectif que constitue l'organisation est centrale pour le gestionnaire.

Les sciences de gestion et le syndicalisme considérés la plupart du temps comme des adversaires véhiculent ainsi des problématiques communes. Peut-on dire pour autant qu'ils peuvent être partenaires ?

II. La rencontre possible entre le syndicalisme et les sciences de gestion : le rôle de la négociation collective d'entreprise

Une telle rencontre est devenue possible du fait de l'évolution des sciences de gestion, du syndicalisme, et d'une façon plus générale des relations professionnelles. Cela devrait conduire les sciences de gestion (enseignants, chercheurs et praticiens) à prendre en compte le phénomène syndical et à ne plus le considérer comme une contrainte.

A. L'évolution des relations professionnelles, du syndicalisme et des sciences de gestion

Un grand nombre de recherches s'intéresse depuis quelques années à l'évolution des relations professionnelles et notamment du syndicalisme (*cf.* notamment Amadieu, 1986 ; Goetschy et Lallement, 1998 ; Tixier, 1992 et 1998). De telles évolutions font de l'entreprise un objet central : on parle en effet de décentralisation des relations professionnelles vers l'entreprise. Un tel mouvement aboutit à trois phénomènes :

*** La mise au premier plan de la négociation collective d'entreprise :**

Depuis le début des années 80, nous avons assisté à une augmentation fulgurante du nombre d'accords collectifs d'entreprise conclus. En effet, de 1968 à 1975, 1562 accords sont conclus en moyenne par an contre p. ex. 7 450 en 1994 et 11 797 en 1997[1].

La loi du 13/11/1982 a consacré la négociation collective d'entreprise en créant une obligation annuelle de négocier à ce niveau portant sur les salaires effectifs, la durée effective et l'organisation du temps travail. Parallèlement, nous avons assisté à un affaiblissement de la négociation collective au niveau de la branche professionnelle.

Outre le développement quantitatif de ce niveau de négociation, c'est également à une évolution du contenu même de la négociation auquel nous avons assisté : le salaire n'est plus prédominant puisqu'en 1997, 51,4 % des accords portent sur le temps de travail, 18,4 % sur l'emploi et 41,6 % sur les salaires et primes[2].

Les différentes réformes relatives au temps de travail introduites depuis quelques années (qu'il s'agisse de l'annualisation ou encore de la réduction du temps travail) ont sans doute accru ce phénomène. Les lois du 13 juin 1998 et du 19 janvier 2000 relatives à la réduction du temps travail sont à l'origine d'un nombre important d'accords portant sur ce thème. En octobre 2000, 40 293 accords avaient été enregistrés depuis juin 1998 regroupant 4 189 863 salariés. Dés lors, 65,1 % des salariés des entreprises de plus de 20 salariés étaient couverts par une durée de 35 h ou moins et 53,2 % toutes tailles confondues (données du ministère de l'emploi et de la solidarité).

Les organisations syndicales, interlocuteur privilégié des entreprises en matière de négociation collective d'entreprise, participent donc, de fait, à la prise de décisions gestionnaires notamment sur ce thème. Une telle participation de cet acteur à

[1] Bilans annuels de la négociation collective publiés par le Ministère du travail.
[2] Ministère de l'emploi et de la solidarité, *La négociation collective en 1997 - Tome 1*, Paris : La Documentation française, 1998.

la prise de décision pose la question de l'évolution du syndicalisme du point de vue du mode d'action syndicale et de l'idéologie syndicale. La question se pose d'autant plus que l'on a assisté au développement d'accords « donnant-donnant » basés sur des concessions réciproques et à des modes de représentation nouveaux qui peuvent aboutir à la prise de décision ou en tout cas à une nouvelle conception de la représentation et de la représentativité. C'est le cas p. ex. des accords atypiques (même s'ils restent très marginaux), du développement des coordinations (Hassenteufel, 1991) ou encore de l'introduction du mandatement syndical à travers la réduction de la durée du travail.

Ainsi, un second phénomène participe au rapprochement possible entre le syndicalisme et les sciences de gestion : celui de l'évolution des conceptions des organisations syndicales.

*** L'évolution des conceptions syndicales :**

Traditionnellement, le syndicalisme refuse la notion de communauté d'entreprise en tant qu'acceptation des valeurs identiques des critères de gestion indiscutés et de l'éventualité d'une participation syndicale au pouvoir de décision patronal. Pourtant, du côté syndical, se développe depuis quelque temps un syndicalisme d'entreprise voir un syndicalisme gestionnaire. La gestion semble devenir de moins en moins « tabou » et certains n'hésitent plus à revendiquer une nécessaire participation des organisations syndicales à la gestion des entreprises (Lojkine, 1996 ; Le Duigou, 2000[1]). En effet, les transformations de l'environnement et la crise économique et sociale ont sans doute poussé les organisations syndicales à prendre en compte de façon croissante l'entreprise.

---

[1] Celui-ci souligne la nécessaire articulation par l'intermédiaire de la négociation entre le besoin d'efficacité de la production matérielle et de service et les nouvelles aspirations des salariés. D'autre part, il affirme l'ambition de la CGT de *« vouloir peser sur les processus eux-mêmes et la manière dont ils s'opèrent »* (p. 138).

Le débat actuel sur le temps de travail et sa réduction traduit d'ailleurs une certaine évolution des différentes organisations syndicales. La CFDT, p. ex., place depuis quelques temps maintenant les 35 heures au centre de ses préoccupations. Quant à la CGT, elle perçoit la réduction du temps de travail en termes de lutte et de mobilisation (Autrand, 1987). Néanmoins des discours et publications récentes (Alezard *et al.*, 1995) émanant de cette organisation syndicale pourtant traditionnellement hostile à une participation à la gestion, mettent en avant le *« faux dilemme en forme d'alternative : ou bien faire le dos rond, gérer et accompagner la gestion d'une logique dont il faudrait seulement corriger les excès, ou bien résister, le regard tendu vers la ligne rouge de l'abolition du capitalisme...»* (Alezard *et al.*, p. 130). Selon ces auteurs, le syndicat ne doit pas seulement être l'animateur de luttes quotidiennes et servir de « contrepoids » aux décisions patronales. Il doit favoriser *«l'intervention des salariés dans la gestion »* (p. 135).

Ces deux premiers phénomènes coïncident avec une évolution parallèle des discours et des pratiques gestionnaires.

*** L'évolution des discours et des pratiques gestionnaires :**

Si la gestion accorde peu de place au syndicalisme et aux relations professionnelles d'une façon générale, il est néanmoins possible de constater également certains éléments d'évolution.

D'une part, si le phénomène demeure encore trop peu développé, la branche de la gestion qui par nature doit s'intéresser aux hommes, au syndicalisme et aux relations professionnelles tend à se développer au sein des entreprises depuis une vingtaine d'années. Là encore la problématique actuelle du temps de travail et de sa réduction ou conduit beaucoup d'entreprises françaises à prendre conscience de l'importance du domaine et de la nécessaire négociation avec des organisations syndicales représentatives. En d'autres termes, elles se sont interrogées pour certaines d'entre elles non pas seulement sur les décisions à prendre relatives à la réduction de la durée du travail mais aussi sur la manière de prendre ces décisions et par conséquent sur la nécessaire négociation avec des organisations syndicales représentatives. En effet, si le « tabou » de la gestion est présent du côté syndical, le « tabou » du syndicalisme est bien présent côté patronal.

Pourtant, on constate depuis quelque temps maintenant une certaine évolution des conceptions patronales concernant la négociation collective d'entreprise. Considérée à l'origine comme fondement du « désordre des solutions d'entreprise », cette source de prise de décision est perçue aujourd'hui comme un « nouveau contrat social » (Bunel et Saglio, 1979). Tout comme les organisations syndicales, les organisations patronales ont dû, avec la crise économique, accorder de l'importance à la politique contractuelle notamment au niveau de l'entreprise. L'objectif reste la plupart du temps l'acceptation par les organisations syndicales et par les salariés d'un certain nombre de décisions relatives notamment à la recherche de flexibilité. Ainsi, cette prise en compte relativement récente de la part du patronat du rôle joué par les négociations collectives d'entreprise sur un plan gestionnaire ne fait pas disparaître le « tabou » du syndicalisme et correspond la plupart du temps à des objectifs voire à des stratégies bien déterminées.

Ces différents éléments d'évolution nous semblent rendre nécessaire et possible la rencontre entre le syndicalisme et les sciences de gestion.

B. La régulation conjointe source de performance et de démocratie en organisation

Certes, de telles évolutions peuvent receler un certain nombre de risques et conduire à des dérives importantes. Nous en mentionnerons ici certaines : l'atomisation des relations professionnelles du fait de leur décentralisation vers l'entreprise, la recherche ultime de flexibilité considérée parfois comme nécessaire voire vitale, la disparition de repères collectifs ou encore le dépassement du syndicalisme de proposition et par-là même l'absence d'un contre-pouvoir au sein de l'entreprise.

Pourtant, ces évolutions peuvent également être à l'origine d'un fonctionnement plus humain des organisations et des pratiques gestionnaires qui y prennent place. Un tel « objectif gestionnaire » peut-être atteint grâce au rôle de régulation joué par une prise de décision conjointe au sein des organisations. Celle-ci rendrait compatible la gestion et le syndicalisme à travers une plus grande démocratie organisationnelle.

En effet, il est possible de considérer la négociation collective d'entreprise comme une source de régulation conjointe (Reynaud, 1979). Elle participe à la création, à la transformation et à la suppression des règles (Reynaud, 1989). D'autre part, en tant que processus normatif, elle régit les clauses des contrats individuels de travail et ainsi régule la négociation individuelle (Flanders, 1965 et 1968). Comme cela a été montré par ailleurs (Pierson, 1997, a et b), un accord collectif d'entreprise a la capacité d'encadrer l'action collective, c.-à-d. l'ensemble des décisions qui sont prises par les individus ou groupes évoluant au sein d'une organisation. En d'autres termes, la négociation collective d'entreprise peut constituer une régulation de contrôle en fournissant des ressources et des contraintes aux acteurs (Crozier et Friedberg, 1977 ; Reynaud, 1988). Elle oriente ainsi leurs stratégies et les jeux politiques qu'ils développent.

Le terme « contrôle » est un terme gestionnaire mais qui est utilisé ici par un sociologue (J.-D. Reynaud). Pour un gestionnaire, il a trait à l'atteinte des objectifs que l'organisation se fixe. Pour le sociologue (en tout cas J.-D. Reynaud) il peut être une source de régulation de contrôle à l'égard d'une régulation autonome même s'il existe une concurrence entre ces deux types de régulation et que la régulation autonome n'écarte pas forcément la logique de l'efficacité.

Si à première vue cette constatation met en avant un certain nombre de dangers (le contrôle de signifie-t-il pas ici manipulation), la négociation collective d'entreprise en tant qu'outil ou procédure dont les gestionnaires se saisissent correspond-elle aux questionnements éthiques soulevés plus haut ?

Du fait même de son caractère conjoint la négociation collective d'entreprise peut être source d'équilibre et de démocratie en organisation. En effet, l'enjeu est double :

- Celui de la participation aux décisions et notamment aux décisions gestionnaires,

- Celui de la place du syndicalisme et plus particulièrement des organisations syndicales dans cette prise de décision.

Dans les deux cas, la question posée et qui concerne autant le syndicalisme, les sciences de gestion que d'autres sciences humaines est celle de la représentativité. En d'autres termes, le syndicalisme ainsi que les sciences de gestion doivent s'interroger sur les enjeux et les conséquences de la capacité d'un acteur (collectif ou individuel) à représenter une collectivité.

Pour le gestionnaire, cette question est fondamentale car l'efficacité d'une décision et par-là même la performance des individus et de l'organisation tout entière dépendent du degré d'adhésion des acteurs (individus ou groupes). Pour le syndicalisme, cette question est également fondamentale même si la représentativité d'une organisation syndicale résulte juridiquement d'une présomption (irréfragable). La sociologie et la psychologie sociale nous invitent à nous interroger sur la représentativité « réelle » des organisations syndicales, c.-à-d. sur la capacité de terrain à rassembler les acteurs et à créer une unité collective.

La participation aux décisions (gestionnaires) par la négociation collective d'entreprise permet de concilier le point de vue des gestionnaires et celui du syndicalisme. Une telle conciliation résulte effectivement d'un processus de démocratie en organisation source de performance organisationnelle et de défense d'acteurs (les salariés). L'enjeu est celui de la mobilisation. Naturellement, pour ce faire, les objectifs des organisations syndicales et des gestionnaires à l'occasion de la négociation doivent être proches ou en tout cas pouvoir être rapprochés. Ainsi, le processus de régulation conjointe propre à la négociation d'accords collectifs d'entreprise offre une occasion de compromis, provisoire la plupart du temps. Les objectifs gestionnaires peuvent alors être redéfinis et les critères de performance reconsidérés.

Conclusion

Malgré les évolutions constatées relatives aux relations professionnelles, la recherche en France tend traditionnellement à séparer la théorie de ses exigences pratiques du fait d'un désintérêt pour la négociation sociale comme activité de compromis et comme technique collective de prise de décision (Thuderoz ; Giraud-Héraud, 2000).

L'objet de notre travail n'a pas été de présenter la négociation collective d'entreprise comme une simple technique de *problem solving* mais plutôt comme une source de prise de décision et donc de gestion dont la particularité est d'être collective et conjointe.

Dés lors, à quelles conditions un tel phénomène est-il possible ? Quel rôle joue le chercheur quant à l'introduction d'une telle régulation conjointe porteuse de démocratie en organisation et de performance. Si les sciences de gestion sont par essence des sciences de la décision et de l'action, et que le chercheur dans ce domaine ne doit pas seulement analyser la réalité mais aussi faire des propositions d'action, comment peut-il collaborer avec d'autres sciences humaines ?

Bibliographie du chapitre

- ALEZARD (Gérard), BROVELLI (Lydia), DELAHAYE (Gérard), LETERRIER (Jean-Michel), *Faut-il réinventer le syndicalisme ?*, Paris, L'Archipel, 1995.
- AMADIEU (Jean-François), « Vers un syndicalisme d'entreprise : d'une définition de l'entreprise à celle du syndicalisme », *Sociologie du travail*, n° 3, 1986.
- AMADIEU (Jean-François), « Une interprétation de la crise du syndicalisme – Les enseignements de la comparaison internationale », *Travail et emploi*, n° 42, 4 / 1989.
- AMADIEU (Jean-François), ROJOT (Jacques), *Gestion des ressources humaines et relations professionnelles*, Paris : Litec, 1996.
- AUTRAND (A.), *Les syndicats et le temps de travail : revendications confédérales et pratique des acteurs dans trois secteurs industriels*, CRESST, 1987.
- BERGMANN (A), « Ethique et gestion », *Encyclopédie de gestion*, n° 54, 1989.
- BOUILLOUD (Jean-Pierre), LECUYER (B.-P.), *L'invention de la gestion*, Paris : L'Harmattan, Logiques de Gestion, 1994.
- BOUGUIGNON (A.), « Définir la performance : une simple question de vocabulaire » *in* FERICELLI (Anne-Marie), SIRE (Bernard), dir., *Performance et Ressources Humaines*, Paris, Economica, 1996.
- BUNEL (Jean), SAGLIO (Jean), *L'action patronale – Du CNPF au petit patron*, Paris, PUF, 1979.
- CADIN (L.), GUERIN (F.), PIGEYRE (F.), *Gestion des ressources humaines – Pratique et élément de théorie*, Paris, Dunod, 1997.
- CROZIER (Michel), FRIEDBERG (E.), *L'acteur et le système – Les contraintes de l'action collective* », Paris : Seuil, 1977.
- FLANDERS (A.), *Industrial Relations : What is wrong with the System ? An Essay on its Theory and Future*, London : Faber and Faber, 1965.

- FLANDERS (A.), « Eléments pour une théorie de la négociation collective », *Sociologie du travail*, n° 1, janv. – mars1968.

- GOETSCHY (Jeannine), LALLEMENT (Michel), dir., « Reconfiguration des relations professionnelles », *Sociologie du travail*, n° 2, XL, 1998.

- HASSENTEUFEL (Patrick), « Pratiques représentatives et construction identitaire – Une approche des coordinations », *Revue française des sciences politiques*, Vol. 41, n° 1, 1991.

- LE DUIGOU (Jean-Christophe), « Quels acteurs sociaux pour une nouvelle régulation sociale ? », *in* THUDEROZ (Christian), GIRAUD-HERAUD (Annie), (coord.), *La négociation sociale*, Paris, CNRS Editions, 2000.

- LOJKINE (Jean), *Le tabou de la gestion – La culture syndicale entre contestation et proposition*, Paris, Les Editions de l'Atelier / Les Editions Ouvrières, 1996.

- MARTINET (A.-C.), dir., *Epistémologie et sciences de gestion*, Paris, Economica, 1990.

- MERCIER (S.), *L'éthique dans les entreprises*, Paris, La Découverte, 1999.

- PIERSON (Françoise) a, « Analyse contextuelle de l'application d'accords collectifs d'entreprise », *Revue de gestion des ressources humaines*, n° 21-22, mars – mai 1997.

- PIERSON (Françoise) b, « La gestion du phénomène de rupture de la régulation issue d'un accord collectif d'entreprise », Actes du VIIème congrès de l'AGRH, Montréal, Presses HEC Montréal, 4 -5 septembre 1997.

- REYNAUD (Jean-Daniel), « Conflit et régulation sociale : esquisse d'une théorie de la régulation conjointe », *Revue française de sociologie*, XX, 1979.

- REYNAUD (J.-Daniel), « Les régulations dans les organisations : régulation de contrôle et régulation autonome », *Revue française de sociologie*, XXIX, 1988.

- REYNAUD (J.-Daniel), *Les règles du jeu – L'action collective et la régulation sociale*, Paris, Armand Colin, 1989.

- ROJOT (Jacques), « Syndicats français et théorie des relations industrielles », *Revue française de gestion*, sept. – oct. 1977.

- ROJOT (Jacques), « Les syndicats et les entreprises face au nouvel environnement des relations de travail », *Revue française de gestion*, nov. – déc. 1987.

- ROJOT (Jacques), « Relations industrielles », *Encyclopédie de gestion*, n° 121, Paris, Economica, 1989.

- THUDEROZ (Christian), GIRAUD-HERAUD (Annie), (coord.), *La négociation sociale*, Paris, CNRS Editions, 2000.

- TIXIER (Pierre-Eric), *Mutation ou déclin du syndicalisme : le cas de la C.F.D.T.*, Paris, PUF, 1992.

- TIXIER (P.-Eric), « Les nouvelles relations professionnelles », *Sciences humaines*, n° 86, août/sept., 1998.

- WEISS (Dimitri), « Participation aux décisions et négociation collective », *Relations industrielles – Industrial Relations*, vol. 30, n° 4, 1975.

- WEISS (Dimitri), « Les relations de travail dans les années 80 », *Revue française de gestion*, janv.-fév. 1981.

- WEISS (Dimitri) (et al.), *La fonction Ressources Humaines*, Paris, Les Editions d'Organisation, 1988.

Bibliographie additionnelle

- AMADIEU (Jean-François), *Les syndicats en miettes*, Seuil, Paris, 1999.

- ARCIMOLES (d') (C.-H), HUAULT (I.), « Relations industrielles, productivité et valeur boursière de l'entreprise : apports et limites des recherches anglo-saxonnes », *in* FERICELLI (A.-Marie), SIRE (Bernard), Eds., *GRH et performance de l'entreprise*, Editions Economica, Paris, 1996.

- BARBASH (J.), *The Elements of Industrial Relations*, Madison, WI: University of Wisconsin Press, 1984.

- BOURNOIS (F.), « Relations industrielles, source de la performance économique et sociale de l'entreprise : le cas d'Alsachimie » *in* FERICELLI (Anne-Marie), SIRE

(Bernard), *Performance et Ressources Humaines*, Economica, Paris, 1996.

- CAIRE (Guy), « Négociations collectives en France : évolution avant et après les lois Auroux, *Revue de l'économie sociale*, n° 27-28, 1992.
- CHAMBERLAIN (N. W.), *Collective Bargaining*, Mc Graw Hill Book Company, INC, 1951.
- FREEMAN (R.B), MEDOFF (J.L.), *What Do Unions Do ?*, Basic Books, New York, 1984.
- IGALENS (J.), NEVEU (J.-P.), « L'implication syndicale », *Revue de gestion des ressources humaines*, n° 10, déc. 1993-janv-fév. 1994.
- KAUFMAN (B.E.), « Human Resource and Industrial Relations – Commonalities and Differences », *Human Resource Management Review*, 11, 2001.
- KERR (C.), DUNLOP (J. T.), HARBISON (F.H.), MYERS (C.A), *Industrialism and Industrial Man –The Problem of Labor and Management in Economic Growth*, Harvard University Press, Cambridge, Massachussets, 1960.
- MOREL (Christian), « La drôle de négociation », *Gérer et comprendre*, mars 1991, n°22.
- *Revue Internationale de psychosociologie*, n° spécial. « Syndicalisme et sciences sociales », 1996, vol. III, n° 4.
- ROJOT (Jacques), « Relations industrielles », *Encyclopédie de gestion*, n° 121, Paris, Economica, 1989.
- SLICHTER (S.H), HEALY (J.J.), LIVERNASH (E.R.), *The Impact of Collective Bargaining on Management*, The Brookings Institution, Washington D.C., 1960.
- TIXIER (P.-Eric), « Management participatif et syndicalisme », *Sociologie du travail*, n° 3, 1986.
- WALTON (R.E.), CUTCHER GERSHENFELD (J.E.), McKERSIE (R.B.), *Strategic Negociations – A Theory of Change in Labor Management Relations*, Harvard Business School Press, Boston, Massachusetts, 1994.

Chapitre 6

Le syndicat saisi par le droit ou l'émergence d'une catégorie juridique

Francine SOUBIRAN-PAILLET

Chargé de recherches au CNRS

Le syndicat, institué par le vote de la loi du 21 mars 1884, revêt aujourd'hui un caractère d'évidence. Il nous arrive rarement de penser en des termes étrangers à cette forme juridique, l'organisation des protagonistes dans les relations du travail. Il se crée pourtant des formes de regroupements professionnels très diversifiées dans la période qui précède le vote de la loi de 1884. L'existence de ces formes qui s'appellent coopérative, société de secours mutuels, société de résistance, compagnonnage, chambre syndicale, donne à penser rétrospectivement que l'adoption de la catégorie juridique « syndicat », n'avait rien d'acquis à la fin du XIXème siècle.

L'histoire du syndicat ou association professionnelle au XIXème siècle, est celle d'une dissociation entre pôle politique et pôle professionnel. Et les parlementaires de 1884 acquis à l'idée de syndicat, souligneront au cours des débats antérieurs au vote de la loi, pour rassurer certains de leurs collègues, l'éloignement du syndicat de tout terrain insurrectionnel.

I. Un travail de dissociation

L'exclusion des conflits ouvriers du champ du politique, fait son chemin tout au long du XIXe siècle. M. Riot -Sarcey note que déjà, en 1831, la révolte des canuts est présentée par les doctrinaires bourgeois comme un mode de lutte qui n'emprunte pas la voie politique au sens noble du terme, un « *bouleversement des règles d'ordre et de liberté admises par tous* »[1]. La méfiance exprimée par les tenants de l'ordre à l'égard des luttes politiques remettant en cause l'ordre établi est donc redoublée par une disqualification spécifique des activités des travailleurs : non seulement l'action politique de contestation en général est une menace pour la société, mais elle l'est plus encore lorsque les luttes ouvrières débordent la ligne de démarcation du champ professionnel. Incapables de gouverner, les ouvriers sont un groupe social immature, facile à circonscrire, une classe mineure qu'il faut protéger d'elle-même, pouvant être la proie des idées subversives des révolutionnaires. La classe ouvrière est divisée en deux catégories dont l'une, la plus nombreuse, est composée de travailleurs laborieux et honnêtes, qui cherchent dans la formation de syndicats professionnels un moyen pacifique de défendre leurs intérêts. Mais la seconde est composée de socialistes révolutionnaires pour lesquels les syndicats « *sont seulement un moyen d'organiser une armée révolutionnaire à l'aide de laquelle ils puissent, au moment qui leur paraîtra opportun, donner un assaut suprême à la société*»[2] .

La crainte de voir l'action ouvrière s'égarer sur le terrain politique est exprimée à maintes reprises dans les débats antérieurs à la loi de 1884. Ainsi par la bouche d'Allain-Targé (Union Républicaine) en mai 1881, lorsqu'il précise à ses collègues de la Chambre des Députés, les garanties qu'il faut prendre pour éliminer des syndicats « *tous les éléments de propagande qui seraient purement politiques, étrangers à la défense des intérêts professionnels* »[3]. Et en 1882, Bérenger (Centre-Gauche), déclare au Sénat, qu'un courant dans la population ouvrière a tendance à mêler ses droits politiques à

---

[1] RIOT-SARCEY (Michèle), *Le réel de l'utopie*, Paris, Albin Michel, 1998, p. 176.
[2] Rapport Barthe au Sénat, du 24 juin 1882, *Annales du Sénat et de la Chambre des Députés*, 1882, p. 152.
[3] *Annales de la Chambre des Députés*, 23 mai 1881, p. 110.

ses intérêts économiques, à se figurer pouvoir n' « *arriver à la satisfaction de ses intérêts en matière de salaire et d'organisation du travail, qu'à la condition de faire prévaloir d'abord sa prépondérance politique et de prendre violemment place dans l'Etat* »[1].

La commission du Sénat songera en 1882 à ajouter au projet de loi sur les syndicats, une disposition dans l'article 2, interdisant aux syndicats « de traiter aucune question politique ». Elle ne le fera finalement pas, mais décidera d'écarter de l'objet des syndicats les « intérêts généraux », pour ne conserver que des intérêts spécifiques. Afin, dit son rapporteur, que les mots «intérêts généraux » ne puissent pas servir de prétexte à des discussions étrangères aux questions professionnelles »[2] La défense de l'intérêt général et celle d'intérêts spécifiques, est sans doute ce qui différencie l'association politique relevant encore en 1884 des articles 291 et s. du code pénal et le syndicat auquel ces articles sont désormais inapplicables. L'article 2 du projet de loi sur le syndicat tend donc à bien cliver deux formes juridiques différentes : le syndicat et l'association à caractère politique, telle que les partis, qui sont encore soumis à autorisation, alors que les syndicats ne sont soumis qu'à une simple déclaration.

Tout au long des débats antérieurs au vote de la loi, députés et sénateurs républicains vont oeuvrer pour dissocier dans les représentations de leurs collègues, l'association ouvrière de l'association politique séditieuse. L'association ouvrière dont ils veulent l'avènement, ne doit pas être confondue avec l'association révolutionnaire. Il existe un précédent, une expérience bien concrète sur laquelle le projet de loi peut prendre appui: les chambres syndicales. Les républicains se veulent des hommes raisonnables à qui les faits donnent raison, à qui les faits fournissent un label de légitimité. Ils demandent aux parlementaires rangés sous d'autres étiquettes, d'entériner la politique de l'expérience. La voie est

---

[1] *Annales du Sénat*, 1882, p. 871.
[2] *Ibidem*.

toute tracée par des organisations déjà installées sur le territoire des relations professionnelles, rien d'inquiétant dans leur activité. Car on le sait désormais, il est possible en partant des faits d'envisager des collectivités sur les lieux de travail qui se cantonnent à l'espace professionnel, sans franchir le seuil de l'espace politique. L'expérience de la chambre syndicale pendant les dix sept ans qui ont précédé le vote de la loi de 1884 est donc un fait qui joue un rôle important dans les débats. Au moment du vote de la loi, les discours républicains dosent savamment le recours à la menace révolutionnaire et l'invocation de la légitimité des aspirations des ouvriers à se regrouper. Il faut autoriser le développement des « bonnes » chambres syndicales, pour mieux juguler le péril représenté par les révolutionnaires. On assiste à un double mouvement de disqualification-requalification, la disqualification permettant la requalification d'activités entachées de préjugés défavorables parmi les députés de droite. Le compromis politique dépend de l'addition de ces deux opérations où l'habileté est requise, car il faut trouver un juste dosage entre susciter la crainte et la dissiper aussitôt.

II. De la coexistence de formes d'organisations professionnelles au syndicat

Dans la première moitié du XIXe siècle, les ouvriers fondent des organisations professionnelles de formes diverses. Ces organisations, on les retrouve encore sous le Second Empire et au début de la IIIème république.

Il s'agit d'abord du compagnonnage[1], de la société de secours mutuels, de la coopérative et de la société de résistance[2]. Ces formes coexistent avec la chambre syndicale

[1] Regroupements secrets d'ouvriers qui effectuent un Tour de France pour se former. Les compagnons obéissent à des rites très précis. Ils forment aussi des coalitions contre les maîtres.

[2] La société de résistance est un groupement occulte ou masqué derrière une autre forme, par exemple une société de secours mutuels. Elle verse des indemnités à ceux de ses adhérents qui se retrouvent sans travail, ayant dû quitter un établissement à cause d'un différend

qui apparaît en 1867 et qui va devenir le modèle du syndicat de 1884.

La chambre syndicale se développe de plus en plus, en particulier à Paris. On constate que les statuts des chambres syndicales - du moins parisiennes - résument à leurs débuts plusieurs formes d'organisations. Ces statuts ont simultanément un aspect « société de résistance », un aspect « société de bienfaisance » et/ou société de secours mutuels, de même coopérative.

Et puis avec le temps, on repère de plus en plus de chambres syndicales où n'interviennent, ni la dimension coopérative, ni la dimension « secours-bienfaisance », ni la dimension résistance. Les chambres syndicales deviennent des organisations dont les fonctions ne recoupent pas celles d'autres types d'organisations. Elles préfigurent le syndicat à venir avec des fonctions comme l'action dans les conflits du travail; également la possibilité d'agir en justice pour défendre les intérêts du syndicat, le règlement des conditions de travail. Tout se passe donc comme si la chambre syndicale devenait peu à peu une forme d'organisation spécifique. Elle seule va entrer dans l'histoire, si l'on peut dire, entrer en tout cas dans la loi de 1884 sur le syndicat.

La forme « syndicat », issue de la chambre syndicale, l'emporte sur d'autres formes, car elle représente une catégorie juridique à même d'assurer la défense des intérêts professionnels en des termes adaptés aux rapports de production de la fin du XIXe siècle. Pourtant, Waldeck-Rousseau, Républicain très influent dans le vote de la loi sur le syndicat, se réfère encore en 1882 à l'artisanat et il est porteur de la forme « coopérative de production » qui convient bien à l'entreprise de petite taille.

---

relatif aux tarifs qu'elle aura fixé. Les adhérents doivent donc respecter ses consignes.

Mais à cette époque, on est déjà entré dans une période où l'anonymat à l'intérieur des entreprises prend de plus en plus d'importance. Et c'est là une caractéristique à laquelle la coopérative de production ne peut s'adapter. En outre, la coopérative de production n'est pas la forme associative qui convient aux rapports socio-économiques de la fin du XIXe siècle. Forme impliquée dans les rapports de production, qui organise les rapports de production, elle ne permet pas les négociations entre patrons et ouvriers. Ses membres se situent à la fois sur le versant du profit et sur le versant de la revendication. L'intérêt à produire n'est qu'une partie de l'intérêt professionnel et il est difficilement compatible avec un intérêt altruiste tel que la solidarité entre les ouvriers. C'est là qu'il y a place pour un autre type d'organisation où l'intérêt altruiste propre à devenir un intérêt de classe, va mettre sous (son) contrôle l'intérêt de la production industrielle et prendre ses distances avec le droit des sociétés, et notamment avec la référence à des notions comptables, au partage annuel des bénéfices, à la notion de profit.

Quant au compagnonnage, il ne représente pas non plus un type de regroupement adapté aux rapports de travail de la fin du XIXe siècle. On sait que dans une association professionnelle comme le syndicat, les adhérents sont interchangeables.

On sait que leur adhésion se fait sur la base d'éléments de leur individualité qui demeurent de l'ordre de la généralité. Or, il en va très différemment dans les associations compagnonniques : les compagnonnages prennent en compte l'appartenance à une famille professionnelle, ce qui sous-entend qu'elles prennent en compte des caractéristiques possédées par un nombre restreint d'individus.

Les sociétés compagnonniques se situent donc aux antipodes du terrain de l'intercheangabilité qui est nécessaire aux rapports économiques de la fin du XIXe siècle et à fortiori aux rapports du XXe siècle.

Enfin, un troisième type de regroupement professionnel, la société de secours mutuels, ne pouvait pas non plus devenir la forme de référence des organisations professionnelles de la fin du XIXe siècle. La société de secours mutuels et de prévoyance est bien une association à but désintéressée, mais elle ne constitue pas le décalque de l'entreprise industrielle de la fin du XIXe siècle. Elle reste aux marges de cette entreprise, en un lieu où l'on prend en charge temporairement les ouvriers malades, où on les répare en vue de la continuation de leur labeur. Le coeur de l'entreprise est le lieu où se négocient les conditions de travail, où se cristallisent les intérêts professionnels, ceux de l'ouvrier valide, celui qui produit, qui permet à l'entreprise de se perpétuer. La forme consacrée par la loi de 1884 sera une entité juridique constituée autour de ce noyau dur où se tissent les relations de travail.

Dans les débats parlementaires précédant le vote de la loi de 1884, l'on voit les Républicains dessiner une forme juridique apte à servir les négociations entre patrons et ouvriers; des syndicats opposés à des types d'organisations ouvrières antérieures, telles que les sociétés de résistance et les compagnonnages, pré-modélisées par l'expérience des chambres syndicales. Dès 1876, Lockroy déclare que les chambres syndicales « *sont des sociétés ouvertes, où l'on ne doit faire aux associés, soit pour l'exercice de leur profession, soit pour leur admission dans le syndicat, ni condition de fortune, de famille, d'âge maximum ou d'origine et où l'on ne doit pas plus imposer le système de travail que de durée ou de mode d'apprentissage* »[1].

III. Catégorisation juridique : mode d'emploi

Les débats antérieurs au vote de la loi du 21 mars 1884 donnent à voir les affrontements auxquels se livrent des acteurs politiques pour parvenir à la légitimation d'un énoncé juridique. Des analogies peuvent sans doute être établies ici entre les

[1] Lockroy oppose la chambre syndicale, qui est l'organisation professionnelle de référence, au compagnonnage engendré par la corporation de l'Ancien Régime.

luttes d'acteurs dont l'enjeu est la création de règles de droit et celles qui relèvent d'autres domaines du social (ainsi, les luttes de classement de représentants de groupes professionnels cherchant à modifier l'enregistrement de leur profession dans les nomenclatures de l'INSEE[1]). Mais la formation de catégories juridiques a ceci de particulier qu'elles dépendent pour partie de ressources juridiques mobilisables à moment donné, de leur concours dans l'appréhension par la technique juridique de situations déterminées.

La catégorisation juridique oblige à soulever la question de la légitimité de l'emploi de la notion de classe en sociologie[2]. Davidovitch a bien vu le problème à propos des statistiques pénales, basées sur des classes juridiques dans lesquelles on range des faits, afin de confectionner des séries statistiques[3]. On ne s'attardera pas sur cet aspect de la catégorisation, parce qu'on s'attache ici à la construction d'une seule catégorie. Mais il est bon de rappeler les difficultés soulevées par la classification sociologique, dès lors que toute catégorie, y compris juridique, servira à un moment donné un système classificatoire au sein duquel elle tire sa signification du rapport entretenu avec les autres catégories. L'étude des processus de catégorisation fait appel à deux types de travaux que l'on a eu longtemps l'habitude d'opposer lorsque l'on évoquait la notion de catégorie : ceux portant sur l'arbitraire des classements et ceux menant à une

---

[1] Sur les luttes de classement, LENOIR (Rémi), « La notion d'accident du travail : un enjeu de luttes », *Actes de la recherche en sciences sociales*, avril-juin 1980, pp. 77-85 ; DESROSIERES (Alain), THEVENOT (Laurent), *Les catégories socio-professionnelles*, Paris, La Découverte. Sur la qualification de faits et leur coïncidence avec le contenu d'une catégorie juridique, RONDEAU-RIVIER (Marie-Claire), « L'alibi du vide juridique », *Economie et humanisme*, juillet-sept. 1991, n° 318, p. 22-26.

[2] Voir NAVILLE (Pierre), « Classes sociales et classes logiques », *Année sociologique* 1960, p. 3-11.

[3] DAVIDOVITCH (André), « Catégories juridiques et catégories sociologiques », *Epistémologie sociologique*, 4, 1967, p. 20-38.

analyse sociologique du processus d'émergence de la connaissance[1].

Il n'y a pas de raison *a priori* de distinguer le processus de catégorisation juridique de tout autre mode classificatoire en tant qu'opération cognitive. On est pourtant conduit à accorder une spécificité à la catégorie juridique, ou plutôt à ce qui en constitue simultanément le contenu et l'objectif : identifier des intérêts au sein de la société, en énoncer la légitimité et donner aux détenteurs des intérêts contenus dans la catégorie des moyens de faire reconnaître cette légitimité. Une notion telle que celle de syndicat sous-entend l'exercice de certains droits par le dit syndicat (par exemple, ester en justice, posséder dans certaines limites un patrimoine), assortis de sanctions contre ceux qui entraveraient cet exercice. Entrer dans le cadre d'une catégorie juridique permet donc de bénéficier d'un « droit objectif garanti », au sens où Weber entend l'expression[2].

La construction d'une catégorie juridique, porteuse d'une rationalité matérielle, suppose qu'un événement qui est aussi un fait social (en l'occurrence la formation d'un groupe d'un type particulier), soit objectivé dans le but d'en faire un instrument juridique. Même si l'activité réflexive des juristes est plus centrale dans la mise en forme d'une catégorie juridique relevant d'une rationalité formelle[3], elle n'est pas pour autant

---

[1] Sur cette opposition, OGIEN (Albert), Les propriétés sociologiques du concept, dans FRADIN (Bernard), QUERE (Louis), Jean WIDMER (Jean), (éd.), *L'enquête sur les catégories*, Paris, Editions de l'EHESS, 1994, p. 244.

[2] WEBER (Max), *Economie et société*, Paris, Plon, 1971, T. 1, p. 323.

[3] WEBER (Max) (*Sociologie du droit*, Paris, PUF, 1986, p. 42 et s.), distingue les règles obtenues par la généralisation logique d'interprétations abstraites (douées d'une rationalité formelle) et les règles sur la formulation desquelles influent par exemple des impératifs éthiques, politiques (douées d'une rationalité matérielle). Pour un exemple de catégorisation relevant d'une rationalité formelle, et sur le type de réflexion suscité par le phénomène par un juriste, voir JAPIOT (René), Le fondement de la dette des dépens, *Revue trimestrielle de droit civil*, Tome XIII, 1914, p. 523-554.

absente du processus de formation d'une catégorie juridique animée d'une rationalité matérielle.

A. Légalisation du syndicat et autonomie relative du droit

L'itinéraire du syndicat professionnel, au sein des catégories juridiques montre donc bien la dualité de ses appartenances. Si sa formulation est étroitement liée à la construction de la personne morale, notion élaborée par les juristes et fruit de la pratique, les affrontements parlementaires laissent transparaître l'importance du registre économique[1] dans la création de la catégorie. Celle-ci s'inscrit dans une configuration sociale donnée, à un moment précis. Les règles de droit antérieures à la formulation de la catégorie, devenues obsolètes, nécessitent une nouvelle construction. Le discours juridique entre en dissonance avec d'autres discours, parmi lesquels ceux de l'économie, du patronat et des ouvriers. Le juge joue un rôle non négligeable sur le long terme, dans la genèse de la loi. Sa pratique se nourrissant, et de la confrontation du droit à d'autres activités sociales, et de la référence à un cadre juridique précis, lui permet d'enregistrer les modifications socio-économiques importantes, que le droit ne saurait désormais ignorer. Des modifications législatives se dessinent ainsi à l'horizon de catégories juridiques inadaptées. La pratique judiciaire est donc motrice dans la transformation du droit, travaillant le matériau juridique de l'intérieur, tout en demeurant ouverte aux mutations sociales.

La complexité des caractéristiques du droit avait déjà été mise en évidence par Thompson dans le cas précis des relations de classe en Angleterre au XVIIIe siècle : le droit y médiatisait certes les rapports entre plèbe et gentry, mais son action était celle d'une construction sociale aux caractéristiques

[1] Sur l'articulation entre le juridique et l'économique, BESSY (Claude), *Les licenciements économiques*, Paris, CNRS-Editions, 1993, p. 10.

spécifiques, douée d'une histoire, d'une logique d'évolution autonome[1].

La question de la rationalité matérielle de la loi, atteste de la proximité du texte et des relations du travail qui lui sont concomitantes. La rationalité matérielle est au coeur de la formation du syndicat professionnel. Les nouvelles règles de droit qui en commandent la création, s'appuient très fortement sur des pratiques, celles des chambres syndicales ouvrières et patronales en particulier, dont l'existence est matérialisée par des statuts[2]. Les statuts de chambres syndicales, de coopératives et de sociétés de secours mutuels également, sont fort bien connus de l'Administration, ils le sont aussi des parlementaires qui entendent voir ces formes juridiques prises en compte et intégrées au texte en discussion. Les positions des parlementaires s'ordonnent donc en se référant à l'expérience produite par les protagonistes sociaux, à la forme prise par leurs activités[3]. Les règles de droit, ici, lient le bien-fondé des catégories juridiques à leur capacité à traduire les transformations de la réalité sociale, et à servir la réalisation d'objectifs historiquement circonscrits. La légitimité de telles règles n'est pas acquise d'emblée, mais dépend de leur capacité à échapper à l'obsolescence qui menace potentiellement tout texte recherchant par principe l'adéquation à une réalité en évolution[4].

---

[1] THOMPSON (Edward P.), « Modes de domination et révolutions en Angleterre », *Actes de la recherche en sciences sociales*, 1976, n° 2-3, p. 133-151, en particulier p. 139.

[2] Consulter le rapport Barthe du 24 juin 1882 devant le Sénat, *Annales du Sénat*, 1882, A. 295.

[3] Voir la longue intervention d'Albert de Mun, Débats à la Chambre des Députés du 12 juin 1883, *Annales de la Chambre des Députés*, p. 688 et s.

[4] DODIER (Nicolas), « Les actes de l'inspection du travail en matière de sécurité : la place du droit dans la justification des relevés d'infraction », dans François CHAZEL (François), COMMAILLE (Jacques), (ed.), *Normes juridiques et régulation sociale*, Paris, LGDJ, 1991, p. 189-203.

Outre la référence à des statuts d'organisation professionnelle, les débats antérieurs au vote de la loi de 1884, donnent lieu à l'articulation de divers matériaux dont la caractéristique est de s'être constitués autour de notions juridiques; qu'il s'agisse de la formulation de ces notions (lois), de leur application et de leur interprétation policière et judiciaire. Les discours à contenu juridique se renforcent, s'interpénètrent, quoique disparates en apparence. La pratique des députés y est pour beaucoup, souvent juristes de professions (avocats, magistrats) ou en tout cas de formation. Le rapport du député Lagrange, effectué au nom de la commission de la Chambre des Députés en 1883 en est un exemple[1]. Il y est fait mention :

- de la part prise par le rapporteur lui-même dans le traitement d'une affaire de violences commises au cours d'une grève, par suite de ses activités judiciaires;

- - de la législation anglaise sur les trade's unions;

- des activités de l'Union Nationale du Commerce et de l'Industrie;

- des buts de la Fédération de la Typographie Française ;

- d'un arrêt de la Cour d'Appel de Paris et d'un arrêt de la Cour de Cassation relatifs à l'application de l'article 416 du code pénal.

Les discours tenus au cours des débats amènent à s'interroger sur l'interdépendance des acteurs. Le traitement que fait Elias de cette notion me semble assez bien rendre compte de ce que dessine en filigrane la trame des débats de la loi de 1884. Elias appuie sa réflexion sur des modèles de jeux[2] ; or, la prise de la loi sur les syndicats m'évoque un jeu à plusieurs niveaux: au rez-de-chaussée, les groupements, les leaders

---

[1] *Ann. de la Chambre des Dep.*1883, Annexe 1760.

[2] ELIAS (Norbert), *Qu'est-ce que la sociologie?* La Tour d'Aigues, Editions de l'Aube, 1991, p. 83 et s.

ouvriers agitent un certain nombre d'idées; à l'entresol, la police et la justice essaient de filtrer ces idées, d'en empêcher la propagation. Leurs personnels sont dépendants de celui du premier étage et agissent sous son contrôle. C'est au premier étage que les députés préparent les projets de loi, soumis à des règles dont le gouvernement auquel ils appartiennent est le garant[1]. A cause de l'interdépendance des joueurs, toute loi votée au premier étage, va prendre en considérations certaines des idées émises au rez-de-chaussée. Mais le jeu est très complexe pour les joueurs de l'étage supérieur, car ils sont extrêmement divisés et doivent réaliser des alliances, ce qui limite leurs possibilités[2]. Il peut y avoir des contacts directs entre rez-de-chaussée et premier étage, sans passer par l'entresol[3]. Les politiciens, comme on l'a vu avec le rapport du député Lagrange intègrent parfois simultanément une partie de ce qui se passe aux autres niveaux, tout en occultant volontairement certaines de ces activités[4]. L'interdépendance des acteurs, y compris sur le plan juridique, plaide donc pour une relativisation de l'autonomie du droit, en particulier des règles qui régissent les relations du travail.

L'activité juridique est indicatrice des processus sociaux, des interactions sociales en amont de la forme juridique. Car « le besoin de droit » ne se manifeste pas dans le vide, il est relié à l'activité sociale[5]. L'interdépendance entre besoin social et construction de catégories juridiques est complexe, il n'existe pas d'ajustement entre l'un et l'autre une fois pour toute. Et la création de l'association professionnelle ouvrière, du « syndicat » participent de la démonstration, dévoilant l'alternance de moments de développement séparés et

---

[1] Un député peut individuellement entrer en conflit avec le Gouvernement, mais ce qui m'intéresse ici, c'est le pôle législatif en tant qu'entité.

[2] ELIAS (Norbert), *Qu'est-ce que..., op. cit.*, p. 102.

[3] Des contacts se nouent par exemple, entre l'Union des Chambres Syndicales Ouvrière de France et les commissions de parlementaires.

[4] Ainsi les revendications du Parti Ouvrier.

[5] DURKHEIM (Emile), *De la division du travail social*, Paris, Alcan, 1893, p. 25 et suiv.

de temps d'articulation entre phénomènes sociaux et sphère juridique. On observe ainsi comment les nécessités de formalisation juridique qui s'expriment dans une période précise à l'intérieur de la société, se coulent dans le tronc commun d'une catégorie juridique, elle-même en cours d'élaboration dans la sphère juridique au moment où elles se manifestent[1], participant ainsi à la création de la catégorie. Car derrière les « activités juridiques » ponctuelles que j'ai isolées dans le temps, et qui se sont matérialisées dans des énoncés législatifs, se profile la construction plus systématique de la catégorie juridique « personne morale », à l'intérieur de laquelle se moulent des formes, telle l'association, la société civile, la société commerciale. La « personne morale », remodelée en France au XIXe siècle[2], correspond aux impératifs de l'économie, tout en intégrant dans sa formation, un fond de théories juridiques fort anciennes[3]

B. Catégorie juridique et naturalité du droit

Toute mise en forme juridique est une opération intellectuelle qui contient une plus ou moins grande part d'arbitraire. Pourtant, la règle de droit se donne à voir comme relevant d'un ordre supra-humain, atemporel, où toute trace de construction artificielle a été effacée[4]. Ceci est relatif, bien sûr, et il y a des degrés différents de naturalité selon l'ancienneté de

---

[1] Exemple : les projets qui circulent parmi les juristes sur l'élargissement du champ de la société par action, avant le vote de la loi de 1867 sur les sociétés; de même, les apports jurisprudentiels sur la personnalité civile des associations, des sociétés civiles.

[2] Phénomène sans fin, qui se manifeste également au XXe siècle ; voir par exemple l'introduction de la responsabilité pénale des personnes morales dans le code pénal de 1994.

[3] WEBER (Max), *Sociologie du droit, op. cit.*, p. 86 et s. sur l'autonomie relative de la structure juridique des groupements par rapport aux facteurs économiques, p. 103 et suiv., avec les exemples contrastés du droit anglais et du droit allemand.

[4] LASCOUMES (Pierre), PONCELA (Pierrette), Intérêts à protéger et classifications, *Séminaire sur la notion d'intérêt en droit*, Facultés Universitaires Saint Louis, Bruxelles, 1989.

telle ou telle branche du droit. Le droit du travail est un droit relativement récent; un droit trop dépendant des conflits sociaux pour que les catégories juridiques y aient acquis cette stabilité, cette solidité qui, avec le temps, conduisent certaines d'entre elles à revêtir le caractère d'une évidence, comme par exemple en droit pénal.

La loi en tout cas procède d'un « discours législatif » et d'un « discours référentiel » rendant compte du réel et adéquat à ce réel. Comme l'explique fort bien Loschak[1], « *le discours législatif se présente comme second par rapport au discours référentiel, la réalité préexistant logiquement aux règles édictées pour le régir; en fait le niveau législatif est chronologiquement antérieur, puisque c'est lui qui sélectionne les éléments de la réalité qu'il prend en compte et les intègre dans le discours juridique : de sorte que le droit construit son référent plus qu'il ne le décrit, mais jouant sur cette ambiguïté, il se donne à voir comme une parole sur les choses dont l'existence est évidente et parvient ainsi à naturaliser ces choses dont il parle* ». Et dans le cas particulier du syndicat professionnel, le droit constitue bien en effet son référent plus qu'il ne le décrit. Les députés puisent dans la chambre syndicale ce qui correspond à une volonté « politique » (au sens de choix « politiques », de choix d'édicter des règles précises applicables à la société civile, en matière d'agissements professionnels) et laissent de côté toutes sortes de « possibles ». On est ainsi mis face à une évidence : cette forme là et pas une autre.

Le texte de loi se présente comme « l'endroit » d'un vêtement dont les débats constituent « l'envers ». La loi ne comporte ni coutures, ni traces de fils, elle est lisse. Ici nulle interaction entre statuts d'organisations, décisions de justice, lois antérieures, matériaux divers utilisés par les « faiseurs » de lois. Le processus législatif est tel, que la mosaïque souterraine, témoin des affrontements de tendances et des formes juridiques indissociables de ces tendances, disparaît.

---

[1] LOSCHAK (Danielle), « Droit, normalité et normalisation », dans CURAPP (ed.), *Le droit en procès*, Paris, PUF, 1983, p. 60.

Règle qui se veut « naturelle », la règle de droit plaide aussi pour son universalité. Cela est sans doute plus vrai pour des injonctions juridiques relayées par la morale, comme les règles de droit pénal, que pour des constructions juridiques comme celles enserrant les relations du travail, où les liens avec les transformations sociales dans un moment donné sont visibles. Cependant la règle de droit, y compris du travail, fait sens parce qu'elle s'impose dans une situation qui, potentiellement, est à même de se répéter à l'infini. Elle est donc généralisable, arrivé à un certain stade du développement socio-économique.

Conclusion

Pour conclure, on soulignera le caractère paradoxal de la loi de 1884 sur le syndicat. Ce texte consacre la liberté individuelle (liberté de choisir son syndicat, mais aussi de ne pas se syndiquer, de se retirer du syndicat à tout moment), tout en étant consacré aux modalités d'organisation des groupements professionnels. La loi de 1884 préfère l'individuel au collectif et prépare ainsi la fragilité des syndicats du XXème siècle qui seront dépourvus de moyens de pression sur les travailleurs pour en faire des adhérents. Par ailleurs, si le syndicat possède le droit de se défendre en justice dans la loi de 1884, ce droit est limité à la défense du patrimoine du syndicat et il faudra attendre une loi de 1920 pour que le syndicat puisse défendre les intérêts de ses adhérents.

Bibliographie additionnelle

- ARNAUD (André-Jean) *et alii,* (ed.), *Dictionnaire encyclopédique de théorie et de sociologie du droit*, Paris, 1993, LGDJ, 2ème éd. (aux mots « catégorie » et « syndicat »)
- BARBET (Denis), « Retour sur la loi de 1884 », *Genèses*, 3, mars, 1991, pp. 5-30.
- BOY (Laurence), *L'intérêt collectif en droit français,* Thèse, Université de Nice, 1979.

- CHAUVET (Paul), *Les ouvriers du livre en France de 1789 à la constitution de la Fédération du Livre*, Paris, Librairie Marcel Rivière et Cie, 1956.

- GERARDS (Philippe), OST (François), VAN DE KERCHOVE (Michel) (éd.), *Droit et intérêt*, Publication des Facultés Universitaires Saint Louis, Bruxelles, 1990, 3 volumes.

- GOSSEZ (Rémy), *Les ouvriers de Paris (1848-1851)*, La Roche-sur-Yon, Imprimerie Centrale de l'Ouest, 1967.

- HUARD (Raymond), *La naissance du parti politique en France*, Paris, Presses de Sciences Po, 1996.

- LASCOUMES (Pierre), « Foucault et les sciences humaines, un rapport de biais, l'exemple de la sociologie du droit », *Criminologie*, XXVI, I, 1993, pp. 35-50.

- LE MAREC (Yann), « Relire Thompson », *Actes de la recherche en sciences sociales*, n° 100, 1993, pp. 73-79.

- MOLITOR (Michel), « Le jeu des acteurs et la production de la norme, le cas des relations collectives du travail en Belgique », *in Acteur social et délinquance*, Bruxelles, Mardaga, 1990, pp. 215-223.

- MOSS (B.-H.), *Aux origines du mouvement ouvrier français*, Paris, Les Belles Lettres, 1985

- ROBERT (Jean-Louis) BOLL (Friedhelm), PROST (Antoine), *L'invention des syndicalismes,* Paris, Publications de la Sorbonne, 1997.

- SALEILLES (Raymond), *De la personnalité juridique, histoire et théorie*, Paris, Rousseau, 1910.

- SEWELL (W. H.), *Gens de métier et Révolution*, Paris, Aubier, 1983

- SERVERIN (Evelyne), « Les visages du consensus, le partage des intérêts », *Procès,* 1981, 8, 63-81.

- SOUBIRAN-PAILLET (Francine), POTTIER (Marie-Lys), *De l'usage professionnel à la loi,* Paris, L'Harmattan, 1996.

- SOUBIRAN-PAILLET (Francine), *L'invention du syndicat (1791-1884),* Paris, LGDJ, 1999.

Chapitre 7

Epistémologie et sociologie du syndicalisme

Georges UBBIALI
Université de Bourgogne, IHC-UMR 5607

Introduction[1]

A l'occasion de cette rencontre, il s'agit de s'intéresser à la construction de l'objet syndical, à l'épistémologie du syndicalisme. Comment la discipline sociologique traite-t-elle de l'objet syndical ? Peut-on évoquer une sociologie du syndicalisme en tant qu'ensemble unifié ou au contraire faut-il mobiliser le pluriel ?

Afin de répondre à ces interrogations, un survol de la littérature consacrée à ce thème a permis de faire ressortir quelques points saillants. Emerge ainsi le constat de la multiplicité des angles d'approche que la sociologie porte sur le syndicalisme. En effet, sans prétendre ici épuiser la palette des travaux conduits sur ce thème, lorsque les sociologues s'intéressent au phénomène syndical, ils l'abordent par les biais suivants :

- les lieux : l'entreprise, la branche d'activité, le pays, l'Europe, etc.

---

[1] Que soient remerciés ceux et celles qui ont relu mon texte et suggéré des modifications, en particulier en permettant le passage d'une communication orale à une contribution écrite : Marie-Pierre Bourgin, Farid Abdedou, Philippe Chaudat, René Mouriaux.

- les pratiques : la mobilisation collective, la grève, la négociation, la gestion, etc.

- les acteurs : les ouvriers, les cadres, les femmes, les immigrés, les jeunes, etc.
- l'organisation et ses niveaux : la fédération, la confédération, les unions (régionales, départementales, locales), la section syndicale d'entreprise, etc.

- le discours : celui porté par le mouvement syndical et plus largement, ce qui renvoie aux représentations, ainsi qu'à la production symbolique (tracts, affiches, etc.)

- les méthodes. De ce point de vue, il faut dresser un constat d'échec total. Il n'y a pas de méthode réservée à la sociologie dans l'appréhension du syndicalisme : l'entretien, l'observation participante, l'étude d'archives, le questionnaire, ne sont pas propres à la discipline. La sociologie utilise toutes les techniques (sauf peut-être les modélisations mathématiques[1]). Certains y verront une riche palette technique de construction et d'appréhension de l'objet, d'autres, un impérialisme sociologique ou un sociocentrisme[2].

Après cet aperçu demeure une interrogation : quel angle faut-il privilégier pour aborder le questionnement soulevé ?

Quand le chercheur est perdu, reste toujours le recours aux ancêtres, aux pères fondateurs de la discipline. De ce point de vue, les sociologues ont bien de la chance. Dans le désarroi, ils

[1] Et encore, le courant de l'individualisme méthodologique, faiblement représenté dans l'étude du syndicalisme en France, n'hésite pas à recourir à ce genre de démonstration.
[2] D'autant que la sociologie n'appartient pas qu'au sociologue ! ! Des juristes, Léon Duguit par exemple, des économistes, Charles Rist, André Tiano, pour citer des auteurs consacrés, introduisent largement le raisonnement sociologique dans leur appréhension du sujet.

ont une ressource : Durkheim[1]. Durkheim a effectivement traité de la question du syndicalisme, enfin, pas directement (la nuance est de taille) du syndicalisme, au sens où on l'entend de manière contemporaine. L'auteur du « *Suicide* » a abordé plus précisément le thème des formes de groupement professionnel. Pourquoi pas le syndicalisme, tel que l'a modelé la loi de 1884 ?

Pour une raison historique bien simple, sa thèse de doctorat, « *De la division du travail social* », est soutenue et publiée en 1893, soit deux ans avant la création de la CGT, première confédération dans le sens moderne du terme. Durkheim prendra mieux en compte cette présence syndicale quelques années plus tard, dans la seconde préface de 1902, intitulée précisément : « *Quelques remarques sur les groupements professionnels* ».

Quelle est la thèse défendue par Durkheim ? Ce dernier soutient que face au développement de la division du travail et au risque d'éclatement social qui en découle, il est nécessaire de renforcer les relations entre les individus par la formation d'une discipline morale. Grâce à cette discipline, à cette morale martelée tout au long de l'ouvrage, les pathologies de la division peuvent se résoudre par le développement de la solidarité. Un des éléments du renforcement de cette solidarité, réside précisément dans le groupe professionnel ou encore « la corporation ». Quelle est la nature de la corporation ? Celle-ci se définit par la réunion des ouvriers et des employeurs dans un même groupe social, afin de constituer des écoles de discipline. Bien entendu, cette conception durkheimienne de la représentation professionnelle est solidaire d'une conception politique plus large, à savoir le républicanisme progressiste de la IIIe République[2].

---

[1] Emile, de son prénom. Père putatif de la sociologie universitaire, française.

[2] FILLOUX (Jean Claude.), *Durkheim et le socialisme*, Genève, Droz, 1977 (en particulier le chapitre IX.-Du renouveau des corporations à une société internationale) et LACROIX (Bernard), *Durkheim et le politique*, Paris, Presses FNSP, 1981.

En résumé, le syndicat est conçu comme une unité fonctionnelle d'intégration sociale-nationale qui joue un rôle de corps intermédiaire entre l'Etat (cette « monstruosité sociologique » ainsi que le qualifie Durkheim) et les individus.

Dans son ouvrage *Le suicide* (1897), Durkheim revient sur cette question des groupements professionnels et de la corporation. Cette corporation, dans son sens d'Ancien Régime, se voit parée de toutes les vertus anti-suicide en tant que facteur de développement de la morale collective[1]. Ce corps intermédiaire (« organe secondaire ») doit également assumer des fonctions de gestion du social : « *C'est donc à elles* [les corporations] *qu'il appartient de présider à ces caisses d'assurance, d'assistance, de retraite dont tant de bons esprits sentent le besoin, mais que l'on hésite, non sans raisons, à remettre entre les mains de l'Etat ; à elles, également de régler les conflits qui s'élèvent sans cesse entre les branches d'une même profession, de fixer, mais d'une manière différente selon les différentes sortes d'entreprises, les conditions auxquelles doivent se soumettre les contrats pour être justes, d'empêcher au nom de l'intérêt commun, les forts d'exploiter abusivement les faibles etc.* »[2]

Cette préoccupation du rôle et de la place des groupements corporatifs plonge ses racines au cœur de l'histoire de la

---

[1] Voici ce qu'écrit Durkheim : « *Cette restauration, dont le besoin se fait universellement ressentir, a malheureusement contre elle le mauvais renom qu'ont laissé dans l'histoire les corporations de l'ancien régime. Cependant, le fait qu'elles ont duré, non seulement depuis le Moyen-Age, mais depuis l'antiquité gréco-latine, n'a-t-il pas, pour établir qu'elles sont indispensables, plus de force probante que leur récente abrogation n'en peut avoir pour pouvoir prouver leur inutilité. Si, sauf pendant un siècle, partout où l'activité professionnelle a pris quelque développement, elle s'est organisée corporativement, n'est-il pas hautement vraisemblable que cette organisation est nécessaire et que si, il y a cent ans, elle ne s'est plus retrouvée à la hauteur de son rôle, le remède était de la redresser et de l'améliorer, non de la supprimer radicalement* », *Le suicide*, Paris, Puf, 1981. Citation p. 438.

[2] *Le suicide*, Paris, Puf, 1981, p. 437.

discipline[1]. A bien noter d'ailleurs les termes utilisés par Durkheim et son école[2] : groupement corporatif, groupement professionnel ou corporation. Durkheim lui-même s'est prononcé clairement, au nom de l'intérêt général, contre le syndicalisme des fonctionnaires[3].

Ces considérations m'amènent à envisager une discussion sur la permanence de cette posture intellectuelle. Contre ce qu'on présentera comme des variations contemporaines du durkheimisme, dimension développée dans un premier temps, nous proposons une approche du syndicalisme en terme d'objet construit contradictoirement, à la fois institution et mouvement social. Cette appréhension nous invitera en conclusion à s'interroger sur les relations entre la sociologie et l'histoire, dans la définition même de l'objet syndical.

---

[1] Dépassant la sociologie, cette réflexion sur la place des groupes dans l'organisation sociale et politique a largement été discutée par les philosophes sociaux. *Cf.* PARROT (Jean-Philippe), *La représentation des intérêts dans le mouvement des idées politiques*, Paris, Puf, 1974.

[2] Les épigones de Durkheim n'ont pas non plus exprimé un grand intérêt pour le syndicalisme suite à sa disparition. Se reporter à MARCEL (J. Christophe), *Le durkheimisme dans l'entre-deux-guerres*, Paris, Puf, 2001.

[3] *Cf.* « Débat sur les syndicats de fonctionnaires», p. 202-216, *in* DURKHEIM (Emile), *Textes. 3. Fonctions sociales et institutions*, Paris, Minuit, 1975. S'il faut dater précisément l'intérêt de la sociologie pour le syndicalisme, c'est dans la période d'après la seconde guerre mondiale qu'on la trouvera, hors de la matrice durkheimienne. Si le manuel de Gurvitch (GURVITCH (Georges), *Traité de sociologie*, Paris, Puf, 1958, vol. 1, 1960, vol. 2) marque le renouveau de la discipline, la sociologie, « redémarre» en France essentiellement par l'intermédiaire d'une réflexion sur le travail (incluant donc le syndicalisme). Une institution, l'Institut des Sciences Sociales du Travail (ISST) joue un rôle crucial dans cette renaissance. Voir ROSE (Michael), *Servants of Post-Industrial Power ? Sociologie du travail in Modern France*, London, Mac Milan, 1979. Témoigne également de cet intérêt pour le travail le premier manuel important publié par FRIEDMANN (Georges), NAVILLE (Pierre), *Traité de sociologie du travail*, Paris, A. Colin, 1964.

I. Les durkheimiens modernes

De manière sans doute réductrice, un brin provocatrice, je voudrais prolonger ces premières remarques par ce qui m'apparaît comme une forme de descendance de la posture durkheimienne.

Je pense en particulier à deux courants traitant du syndicalisme, celui des relations industrielles[1], ainsi que celui des tenants de la thèse de l'institutionnalisation[2].

1. Cette conception du syndicalisme comme élément d'un système se retrouve en effet au cœur de la problématisation de l'école des relations industrielles telle que Dunlop[3] l'a délimitée. La définition suivante permet de cerner la nature des relations industrielles[4] : il s'agit d'un système intermédiaire de négociations structuré par trois éléments :

- **Des acteurs**. Ceux-ci prennent la forme d'ouvriers (de salariés) ou de leur expression organisationnelle : les syndicats. Ces acteurs proviennent également du management, représentés par leurs organisations patronales. Enfin, on trouve des instances étatiques, sous des formes multiples selon les pays et les époques.

---

[1] Bien sûr, il ne s'agit pas d'un courant unifié et des positions contradictoires s'y expriment.

[2] Malgré l'arbitraire apparent du rapprochement, on essaiera de démontrer qu'il n'en est rien.

[3] DUNLOP (John T.), *Industrial Relations System*, New York, Holt & Co, 1958.

[4] La langue française parle plus volontiers des relations professionnelles. Si les deux termes sont utilisés indifféremment dans la langue usuelle, ils ne renvoient pas strictement aux mêmes réalités. Industriel renvoie à salariat, professionnel inclut pour sa part les métiers non-salariés (ainsi les professions libérales). Sur la distinction, se référer à WEISS (Dimitri), *Relations industrielles. Le travail, l'organisation, l'individu et le collectif*, Paris, Sirey, 1980, p. 13-24.

- **Un environnement**. Celui-ci se compose de technologies (techniques utilisées sur les postes de travail), de conditions de marché (positions concurrentielles des entreprises, contraintes financières), de statuts des acteurs (capacité à peser sur la répartition du pouvoir dans la société).

- **Une idéologie**. Est ainsi désigné un ensemble de valeurs partagées qui constituent le ciment de la cohésion du système.

Ainsi que l'explique Alain Touraine[1], les relations industrielles manifestent une forme d'institutionnalisation du conflit. Pour dire les choses rapidement, la perspective offerte par les relations industrielles est celle d'une pacification de la force de travail et d'intégration du mouvement syndical dans les rouages de l'entreprise (ou, plus globalement, de l'économie).

On ne souligne jamais assez les préfigurations de cette conception dans l'enquête fondatrice de la sociologie empirique du travail *Western Electric* réalisée par Elton Mayo[2] Selon Mayo et ses collègues, la création du National Labor Relations Board[3] en 1935, qui autorise les travailleurs à s'organiser librement et à mener des grèves, oblige les employeurs à négocier avec l'organisation syndicale qui a réussi à s'implanter dans l'entreprise. Selon Mayo (et surtout Selekman), la direction d'une industrie devient alors une affaire commune où direction de l'entreprise et syndicat sont impliqués. Une fois reconnues par l'employeur comme interlocuteur valable, les organisations syndicales doivent modifier leurs stratégies. En

---

[1] TOURAINE (Alain), « Les relations industrielles », *Encyclopedia Universalis*, 1984, vol. 9, p. 1096-1100.

[2] A notre connaissance l'analyse la plus systématique de cette expérience réside dans le livre de GILLESPIE (Richard), *Manufacturing Knowledge. A History of the Hawthorne Experiments*, Cambridge, Cambridge UP, 1991.

[3] La création du NLRB constitue un des volets du « *New Deal* » Rooseveltien. On trouvera une très suggestive analyse de ce mouvement dans PINARD (Rolande), *La révolution du travail : de l'artisan au manager*, Rennes, PU Rennes, 2000.

clair, les techniques d'administration des affaires doivent prendre le pas sur les techniques de combat. Le syndicat doit alors devenir un instrument d'administration industrielle responsable. Il faut gérer le système social que constitue le syndicat en vue de maintenir l'équilibre imposé par la satisfaction du système dans son environnement.

Ainsi, selon ce courant que l'on caractérise généralement comme « l'école des relations humaines », les responsables syndicaux entrent dans l'élite : ils sont à même de dépasser leur propre sentiment et de contribuer au maintien des équilibres du système social dont ils sont responsables.

La sociologie des relations industrielles conçoit très largement le syndicat comme un outil d'une technologie sociale de contrôle de la force de travail et d'intégration dans les mécanismes de la régulation du travail. Je voudrais en citer trois illustrations :

a) Jean-Daniel Reynaud[1] apparaît comme l'exemple type de cette posture. La « régulation conjointe » qu'il appelle de ses vœux en constitue l'illustration. J. D. Reynaud, rompant avec une approche économique des relations industrielles, postule que la régulation du marché du travail est à bien des égards une autorégulation non par les prix (approche théorique des économistes néo-classiques) mais par les règles (ou dit autrement, sociale/sociologique). La définition de ces règles résulte de l'interaction des acteurs du système des relations professionnelles (l'accent est mis sur le syndicat) et se traduit juridiquement par la signature de conventions collectives[2]. Cette posture, explicitement normative, résultant d'une volonté d'améliorer le système des relations sociales en contribuant à une régulation des

---

[1] REYNAUD (Jean-Daniel.), *Les règles du jeu. L'action collective et la régulation sociale*, Paris, A. Colin, 1998.

[2] On trouvera des pistes de réflexions sur la genèse des rapports entre droit et mouvement syndical dans DOLLEANS (Edouard), DEHOVE (Gérard), *Histoire du travail en France. Mouvement ouvrier et législation sociale*, Paris, Domat-Monchrestien, 1955, 2 vol.

conflits par la négociation[1], ne saurait résumer à elle seule l'appréhension du syndicalisme. Une chose est de constater que dans sa pratique courante le syndicalisme aboutit à des négociations et produit conjointement de la régulation, une autre de rabattre ce *moment* des relations capital-travail à la finalité du syndicalisme. Dit autrement, la régulation par l'activité conventionnelle, par l'autonomie contractuelle ne saurait épuiser les fonctions du syndicalisme et constituer son horizon d'action.

b) Dans une autre tradition culturelle, on pourrait également invoquer les développements théoriques des années 70 proposés sur le néo-corporatisme, singulièrement dans la littérature anglo-saxonne. A la différence du corporatisme[2], tel qu'il s'est appliqué durant la période de Vichy (La Charte du travail a déconsidéré pour longtemps toute nouvelle expérience de ce type[3]) impliquant la contrainte des acteurs, le néo-corporatisme théorisé par Schmitter et Lehmbruch[4], repose au contraire sur la collaboration volontaire du mouvement syndical à la définition des politiques du travail et, plus largement, aux politiques publiques. Idéal d'une association capital-travail au bénéfice commun de chacune des parties ? C'est oublier un peu vite une des préconditions sur laquelle le développement du néo-corporatisme repose, à savoir l'éviction des principaux intéressés, les salariés eux même, des décisions les concernant. En effet, comme le souligne

[1] Partagé avec la sociologie de l'entreprise comme le soulignent à juste titre BIDET (Alexandra), PILLON (Thierry), VATIN (François), *Sociologie du travail*, Paris, Monchrestien, 2000.

[2] Sur le corporatisme d'Ancien Régime, on lira l'excellent travail de KAPLAN (Steven Laurence), *La fin des corporations*, Paris, Fayard, 2001.

[3] LE CROM (Jean Pierre), *Syndicats, nous voilà ! Vichy et le corporatisme* », Paris, Ed. de l'Atelier, 1995.

[4] SCHMITTER (Philippe C.), LEHMBRUCH (Gerhard), eds., *Trends towards Corporatist Intermediation*, London, Sage, 1979.

Howell[1], la régulation néo-corporatiste requiert le développement d'une bureaucratie syndicale, décidant en lieu et place des salariés. En résumé, la réification de l'organisation syndicale en permet un usage indépendant des souhaits de ses membres. Sur cette base, on comprend bien pourquoi le néo-corporatisme a pu connaître quelques attraits dans des organisations fonctionnant largement en dehors du contrôle des salariés, dans les pays nordiques ou en RFA.

c) Enfin, en dernier lieu, il faut évoquer la thématique du syndicat comme outil du choix rationnel dans le cadre d'une approche en terme de coûts/bénéfices (soit le courant de l'individualisme méthodologique). Certes, là aussi, cette approche ressort essentiellement des recherches anglo-saxonnes[2]. Cependant, on la trouve aussi sous la plume de Jean-François Amadieu[3], dont le dernier ouvrage est emblématique de ce point de vue. Le syndicat y apparaît comme un acteur rationnel sur un marché spécifique, celui de la représentation des intérêts des salariés. Il calcule et maximise son utilité. Ce comportement rationnel explique pourquoi les syndicats se multiplient en France. En effet, les barrières à l'entrée[4] (les droits de douane à la pénétration du marché pour filer la métaphore) sont suffisamment faibles pour justifier un investissement,

---

[1] « *corporatist regulation requires that union leaders be able to gain autonomy from their members (...) For this reason corporatist regulation depends on particular structure of the working class, rather than the institutions of bipartism or tripartism.* », HOWELL (Chris), *Regulating Labor. The State and Industrial Relations Reform in Postwar France*, Princeton, Princeton UP, 1992, citation p. 23.

[2] Pour un aperçu, voir la contribution de Guy CAIRE dans le présent volume et le chap. « Syndicalisme et négociation collective » de MAILLEFERT (Muriel), *L'économie du travail : concepts, débats et analyses*, Paris, Jeunes éditions, 2001.

[3] AMADIEU (Jean-François), *Les syndicats en miettes*, Paris, Seuil, 1999.

[4] Le libéralisme et l'individualisme qui ont présidé à la reconnaissance du fait syndical en France font qu'il est très simple, du point de vue légal, de constituer une organisation syndicale.

conduisant au surinvestissement pervers (émiettement et multiplication des groupements syndicaux). Dans ce cas de figure, l'organisation syndicale est une catégorie extro-déterminée, une chose réagissant à des variations de type boursier. Le syndicat apparaît ainsi comme l'expression d'un processus de chosification, dont l'utilité se mesure à la maximisation des bénéfices de l'organisation.

Une telle conception ne nous semble pas permettre de comprendre comment évolue le mouvement syndical, faisant largement fi de l'histoire réelle des équipes qui le composent au profit d'une conception désincarnée, droit sortie des règles basiques des manuels de l'économétrie néo-classique.

2. Une seconde illustration possible de cette posture renvoie à la discussion sur l'institutionnalisation du mouvement syndical français. Dans le débat sur la crise du syndicalisme, débuté au début des années 1980, une série d'auteurs (Adam[1], Rosanvallon[2], l'équipe du Cerat (Labbé[3], Bevort[4], Croisat[5], Andolfatto[6], Nezosi[7], Basson[1], De

---

[1] ADAM (Gérard), *Le pouvoir syndical*, Paris, Dunod, 1985. Notons une sérieuse inflexion des travaux de cet auteur dont témoigne son dernier ouvrage : *Relations sociales : an zéro*, Paris, Bayard, 2000. Retenons par ailleurs qu'institutionnellement Gérard Adam relève de la science politique.

[2] ROSANVALLON (Pierre), *La question syndicale*, Paris, Hachette, 1988.

[3] LABBE (Dominique), *Syndicats et syndiqués en France depuis 1945*, Paris, L'Harmattan, 1996. Dominique Labbé occupe un poste de politiste.

[4] BEVORT (Antoine), LABBE (Dominique), *La CFDT : organisation et audience depuis 1945*, Paris, Documentation française, 1992.

[5] CROISAT (Maurice), LABBE (Dominique), *La fin des syndicats ?*, Paris, L'Harmattan, 1992.

[6] ANDOLFATTO (Dominique), LABBE (Dominique), *Un demi-siècle de syndicalisme en France et dans l'Est*, Nancy, PU Nancy, 1998.

[7] NEZOSI (Gilles), *La fin de l'homme du fer. Syndicalisme et crise de la sidérurgie*, Paris, Harmattan, 1999.

Closets[2]), agrégée dans mon propos un peu arbitrairement pour les besoins de la démonstration[3], ont développé une analyse du syndicalisme sous la forme d'un mouvement institutionnalisé. Que faut-il entendre par-là ?

Sous le terme d'institutionnalisation du syndicalisme est désignée la prévalence de la dimension institutionnelle (intégration croissante du mouvement syndical à l'appareil d'état) et, corollairement, une distanciation croissante entre les salariés et les organisations les représentant. C'est ainsi que Pierre Rosanvallon peut évoquer le mouvement syndical comme jouant le rôle de *fonctionnaire du social*[4]. Plus provocants (ou plus pessimistes, c'est selon) Groux et Mouriaux[5] évoquent la situation française d'un *syndicalisme sans syndiqué.*

Si la formule a le mérite de la concision et pointe de ce fait un état vers lequel pourrait tendre le mouvement syndical, elle cache pourtant le fait que la crise n'atteint pas uniformément les différentes strates composant le « personnel » syndical. Croisat et Labbé[6] distinguent ainsi trois groupes parmi les syndicalistes, inégalement affectés par la chute des effectifs :

---

[1] BASSON (Jean-Charles), *Le tarissement du militantisme. Socialisation politique et sociologie syndicale*, Grenoble, thèse IEP, 1996.

[2] DE CLOSETS (François), *Tous ensemble. Pour en finir avec la syndicratie*, Paris, Seuil, 1985.

[3] En effet, cette énumération laisse à penser une certaine équivalence dans le caractère scientifique des investigations, ce qui est loin d'être le cas. S'il n'y pas lieu de décerner des médailles, on peut au moins éviter les lectures inutiles, comme celle de De Closets.

[4]. ROSANVALLON (Pierre), *La question syndicale*, Paris, Hachette, 1988.

[5]. GROUX (Guy), MOURIAUX (René), « Syndicalisme sans syndiqués : dimensions et dilemmes », pp. 67-86, *in* PERRINEAU (Pascal), Ed., *L'engagement politique. Déclin ou mutation ?*, Paris : Presses FNSP, 1994. On se garde bien d'assimiler ces auteurs à ceux précédemment cités.

[6]. CROISAT (Maurice), LABBE (Dominique), *La désyndicalisation. Etude de prédéfinition*, Cahiers du Cerat, 1987.

— les *adhérents*, que l'on peut définir comme ceux qui paient une cotisation. Leur nombre est en décrue rapide ;

— les *militants*, adhérents actifs dans le fonctionnement et l'activité des organisations[1]. Leur nombre est également en régression mais bien moindre que pour le groupe précédent

— enfin, les *professionnels*, caractérisés par la permanence de leur activité[2].C'est l'assimilation de l'activité syndicale à une gestion contractuelle des rapports sociaux, largement sous la tutelle de l'État (thématique de l'institutionnalisation, initiée par Gérard Adam[3], avec une version vulgarisée représentée par De Closets[4]) ou encore la réduction de l'activité syndicale à un noyau de professionnels ou quasi-professionnels (problématique portée par les travaux du Cerat et dont

[1]. Pendant très longtemps, les syndicalistes autant que les chercheurs ont assimilé ces deux groupes. La chute des effectifs a obligé les uns et les autres à revenir sur les caractéristiques qui les séparent. Sur cet aspect, se reporter à : BEVORT (Antoine), « Le syndicalisme français et la logique du recrutement sélectif : le cas de la CFTC-CFDT », *Le mouvement social*, 1994, n° 169, pp. 109-136.

[2] Pour un développement, UBBIALI (Georges), « Qu'est ce qu'un professionnel du syndicalisme », *in* LABBE (Dominique), COURTOIS (Stéphane), ss. dir., *Regards sur la crise du syndicalisme*, Harmattan, 2001, p. 81-95.

[3]. ADAM (Gérard), *Le pouvoir syndical*, Paris : Dunod, 1983. Si Adam popularise cette thématique à propos du syndicalisme, l'origine de la notion d'institutionnalisation est sans doute à rechercher du côté des travaux de René Loureau.

[4]. DE CLOSETS (François), *Tous ensemble. Pour en finir avec la syndicratie*, Paris : Seuil, 1985. Cet ouvrage constitue sans doute un des sommets de la trivialité « essayistique ». Mélangeant confidences de fin de dîner, observations personnelles, recherches universitaires de pointe, il accumule poncifs et clichés. Cette vulgate constitue de la sorte un magnifique miroir des obsessions d'une époque et de certains cercles éclairés sur la question sociale.

deux de Dominique Labbé[1]) qui serait cause de la forme particulière du déclin du mouvement syndical en France[2].

Sans pouvoir discuter longuement les thèses de ces auteurs[3], disons que la thèse de la professionnalisation du syndicalisme[4], liée intimement pour ses auteurs à son institutionnalisation, appelle au moins deux remarques :

- Les auteurs semblent en fait hésiter en permanence sur le facteur causal. Suivant les ouvrages ou les articles, ils mettent l'accent sur la politisation[5], la division syndicale[6], parfois les deux ensembles[7], même si la plus importante

---

1. Nous renvoyons à un article récent de LABBE (Dominique), « La crise du syndicalisme français », *Revue de l'IRES*, 1994, automne, pp. 75-101, qui présente une bibliographie des travaux de l'équipe du Cerat.

2 Ces analyses s'inscrivent d'ailleurs dans une continuité forte avec des représentations nationales, ainsi que la lecture des sondages par Roland Cayrol y invite. CAYROL (Roland), « Les syndicats dans l'opinion politique française : images, représentation et attentes », *French Politics and Society*, 1999, n° 4, p. 47-59.

3 Les thèses de Labbé-Andolfatto sont discutées de manière approfondie dans mon article « Réflexions sur les analyses du syndicalisme et les moyens de sortir de la crise », *Critique Communiste*, 2001, n° 162, p. 57-63. D'un point de vue plus général, le lecteur intéressé pourra se reporter à notre thèse, en particulier le chapitre 1. UBBIALI (Georges), *La professionnalisation des directions syndicales à la CGT et à la CFDT. Eléments pour une socio-histoire*, thèse de sociologie, Paris I, 1997, 2 vol., 584 p.

4. L'exposé le plus systématique de cette approche se trouve dans BEVORT (Antoine), LABBE (Dominique), *La CFDT : organisation et audience depuis 1945*, Paris, La Documentation française, 1992.

5. C'est ainsi le cas dans : « *La désyndicalisation. Etudes de prédéfinition* », *op. cit.*

6. « *Non seulement, c'est un facteur clef de la désyndicalisation mais aussi l'une des raisons fondamentales de la perte de crédibilité qui atteint les centrales syndicales*", notent-ils dans « *La CFDT : organisation et audience depuis 1945* », *op. cit.*, p. 259.

7. « *Mais la principale cause du divorce ne réside pas dans cette "institutionnalisation" progressive des syndicats. Nos enquêtes ont*

partie de leur argumentation relève de la professionnalisation/ institutionnalisation.

- D'autre part, les termes de professionnels ou de professionnalisation ne sont jamais précisés, comme s'ils allaient de soi.

Quelles que soient les subtilités entre les différents auteurs, le syndicalisme est considéré comme une organisation (au sens de la sociologie du même nom) qui subit des transformations externes, étranger au groupe social dont il émane, le salariat ou la classe ouvrière, au sens sociologique du terme.

C'est précisément cette rétractation du syndicalisme à sa dimension institutionnelle que je voudrais discuter.

II. Réfutation : Le syndicat comme objet de tension : la double nature du syndicalisme

Il ne s'agit pas de refuser l'idée que le syndicalisme ne puisse pas être appréhendé à travers sa dimension organisationnelle, institutionnelle ou encore réglementaire. Le syndicalisme est tout cela. Il est effectivement un facteur d'intégration sociale du salariat, un outil de négociation et un « producteur » de compromis social. Loin de moi la naïveté syndicaliste-révolutionnaire du début du siècle (quoi que les pratiques de la CGT d'avant 1914 soient moins univoques qu'on ne le proclame bien souvent[1]) ou de ses succédanés

---

fait apparaître qu'environ quatre adhérents sur dix ont quitté les syndicats sur des désaccords de fond tenant en deux mots : la division et la politisation », *in* « La crise du syndicalisme français », *op. cit.*, p. 95.

[1] On renvoie aux travaux précieux de Jacques JULLIARD, *Autonomie ouvrière. Etudes sur le syndicalisme d'action directe*, Paris, Gallimard-Seuil, 1988.

contemporains (ex. CNT[1]) de concevoir le syndicat comme une instance extérieure à l'Etat ou à la société.

Mais à trop insister sur la mission régulatrice, productrice d'ordre on en oublie bien vite que le syndicalisme possède une double nature :

- à la fois force d'intégration,

- mais aussi mouvement social ou plus exactement expression du mouvement social[2].

Sans la pratique d'un minimum de dialectique, cette seconde dimension du syndicalisme passe à la trappe.

C'est dans sa relation au mouvement social, à l'organisation de la mobilisation sociale, à l'activité pratique sur le terrain de l'entreprise et plus largement des luttes économiques que l'existence du syndicalisme se justifie. Ainsi que l'analyse Hyman[3], le syndicalisme par sa présence même exprime l'opposition insurmontable entre le capital et le travail dans les sociétés de marché contemporaine[4]. Un syndicalisme qui serait pur agent social se condamnerait lui-même au dépérissement, ainsi qu'on a pu le constater à propos de la participation électorale. Contrairement aux thuriféraires d'un syndicalisme

---

[1] Voir, à titre d'exemple, la brochure de la CNT-AIT, *Les prud'hommes ne défendent pas les travailleurs, ils les jugent !*, Ed. Centre de documentation et d'études sociales, 24 pages, s.d.

[2] Conception rarement évoquée. Voir ZOLL (Reiner), *Der Doppelcharakter der Gewerkschaften*, Frankfurt, Surkamp Verlag, 1976.

[3] HYMAN (Richard), *Marxism and the Sociology of Trade Unionism*, London, Pluto Press, 1971. Analyse renouvelée et élargie dans son récent : *Understanding European Trade Unionism. Between Market, Class & Society*, London, Sage, 2001.

[4] Ou comme le dit Marc BLONDEL dans *le Monde* du mardi 12 décembre 2000, à propos de la refondation sociale : «*Prôner* (...) *la disparition du patron au profit de l'entrepreneur, c'est feindre d'oublier la question clé : la nature de la propriété du capital et l'opposition capital-travail* ».

sans syndiqués, « fonctionnaire du social »[1] selon l'expression de Rosanvallon, reposant sur une légitimité de type « politique » ou plus précisément électif, les limites de cette conception sont très vite apparues. Ainsi, à l'occasion des élections aux comités d'entreprise, il était manifeste que l'absence d'implantation syndicale (et de ses corrélats, militantisme, travail de terrain, mobilisation et action collective, négociations, etc.), bref, sans constitution d'un contre-pouvoir syndical de terrain, le vote en lui-même ne peut faire office de substitut. Sans cellule syndicale suscitant des candidatures de salariés, le fait dominant est celui de l'abstention et de la désaffection à l'égard de la participation[2]. Il s'agit bien sûr d'étudier sérieusement les médiations, mais l'objet syndical ne se livre à une compréhension complète que si on l'articule à l'existence et l'activité du groupe social qu'il représente, du point de vue économique, au niveau immédiat, ainsi que dans le cadre plus large d'une « économie politique du travail »[3], c'est-à-dire d'une triple lutte contre l'exploitation, la domination et l'aliénation. Pour résumer, le syndicalisme est donc à la fois :

- institution (avec ses corrélats : négociation, appareil, ou encore plus largement intégration sociale)

- mouvement social, renvoyant à des termes tels que mobilisation, action, conflits etc., en un mot, *dissensus*).

Je voudrais fournir deux illustrations de ce constat :

---

[1] Si une telle conception parvenait à s'instaurer, ce n'est plus tant la dimension fonctionnaire qui prévaudrait mais bien plutôt la dimension d'ambulancier.

[2] Voir LABBE (Dominique), « Les élections des comités d'entreprise », *Revue française de science politique*, 1993, n° 2, p. 317-326 ; IRES-DARES, *Les comités d'entreprise. Enquête sur les élus, les activités et les moyens*, Paris, Documentation française-Ed. de l'Atelier, 1998.

[3] Pour rendre hommage au superbe ouvrage de Jean-Claude COMBESSIE, *Au sud de Despenapperos. Pour une économie politique du travail*, Paris, MSH, 1989.

- La première est de nature historique. Il s'agit des Commissions ouvrières espagnoles[1]. Alors que sous la République et durant la guerre civile révolutionnaire le mouvement syndical était représenté essentiellement par sa composante libertaire, la CNT[2], sous le franquisme s'est mis en place un « syndicat » unique de type corporatiste d'encadrement de la classe ouvrière (l'OSE[3]). Sous la dictature, le choix fait par le PC espagnol d'intégrer cette OSE et d'y militer a permis de mettre en place la structure clandestine débouchant sur la création du second syndicat espagnol actuel (CC OO[4]).

- Le second exemple est de nature contemporaine. Il s'agit de l'essor durant les dix dernières années d'un syndicalisme non-confédéré, autour de Sud[5] (ou dans une moindre mesure de la FSU[6].). Même si cet exemple est fort limité[7], il n'en reste pas moins qu'il y a là, un cas concret montrant comment une force syndicale renouvelant ses pratiques et valeurs peut représenter une forme d'organisation rencontrant un certain succès (même si c'est sous une forme segmentaire[8]).

---

[1] *Cf.* WOLIKOW (Serge), ss. dir., *Les syndicalismes en Europe. Espagne, Italie*, IHS-CGT/IHC-UMR 5605, 1999.
[2] Confederacion national del trabajo.
[3] Organizacion sindical espanola
[4] Comisiones obreras
[5] Solidaires, Unis, Démocratiques. Voir, COUPE (Annick), MARCHAND (Anne), coord., *SUD, Syndicalement incorrect/Sud-Ptt, une aventure collective*, Paris, Syllepse, 1998.
[6] Fédération Syndicale Unitaire. Pour un aperçu : BEROUD (Sophie), MOURIAUX (René), « Les autres forces syndicales : pluralisme ou segmentation ? », *Regards sur l'actualité*, déc. 1998, p. 39-51.
[7] En raison, d'une part, de l'enfermement dans la fonction publique et pour son isolement européen, d'autre part. Pour un développement, se reporter à DAMESIN (Renaud), DENIS (Jean-Michel), *Syndicalisme(s) Sud*, Cahiers du GIP-MI, 2001.
[8] Les récents succès d'un syndicat Sud dans l'entreprise Michelin ouvre cependant de nouvelles perspectives à cette forme syndicale. *Cf.* *« Les élections professionnelles chez Michelin confirment l'implantation de SUD »*, *Le Monde*, 2 juin 2001.

Conclusion

Ainsi qu'on a pu le constater tout au long de ce développement, le syndicat apparaît au fil du propos comme un objet dont la construction relève d'une approche socio-historique. Ainsi que l'explique Jean-Claude Passeron[1] : « *L'identité de la position épistémologique de l'histoire et de la sociologie tient à la structure de la phénoménalité dont elles font leur objet commun : l'histoire des sociétés humaines.* ». Pour le dire autrement, la démarche sociologique de construction de l'objet syndical ne se conçoit pas sans un rappel permanent à sa contextualisation historique, à la fois périodisation et analyse structurale. Le syndicat n'a pas d'existence en lui-même en dehors des rapports sociaux globaux structurant la société à un moment donné. Sans ce rappel permanent à l'historicité de l'objet, on en vient à perdre de vue ses formes changeantes[2].

Il s'agit, en faisant un clin d'œil codé[3], de concevoir le syndicalisme comme une « structure structurante-structurée », c'est-à-dire que l'objet syndical du point de vue du sociologue doit être appréhendé comme une forme instituée (celle que les relations industrielles analyse) et instituante (que le mouvement social détermine). Forme que Peter Waterman a qualifié avec bonheur de « syndicalisme de mouvement social »[4].

---

[1] *Le raisonnement sociologique. L'espace non-poppérien du raisonnement naturel*, Nathan, 1991. Voir en particulier le chapitre « Histoire et sociologie », p. 57-88. La citation provient de la page 60.

[2] Une illustration en est fournie par le texte de Francine Soubiran-Paillet.

[3] L'expression est due à Pierre Bourdieu. On retiendra par ailleurs que pas plus le Maître que ses disciples ne se sont véritablement intéressés à la question du syndicalisme. Les deux seules exceptions sont Bertrand GEAY, *Profession : Instituteurs. Mémoire politique et action syndicale*, Paris, Seuil, 1999 et, dans un cadre plus large, DE MONTLIBERT (Christian), *Crise économique et conflits sociaux*, Paris, L'Harmattan, 1989.

[4] *Cf.* WATERMAN (Peter), « Social Movement Unionism », *Fernand Braudel Review Center*, 1993, n° 16, p. 245-278. Cette note me permet par ailleurs une ultime précision. L'approche que j'ai proposée

Bibliographie additionnelle

- DURAND (Claude), *Conscience ouvrière et action syndicale*, Paris, Mouton, 1971.
- GAGNON (Mona-Josée), *Syndicalisme : état des lieux et enjeux,* Québec, ed. IQRC, 2002.
- GAGNON (Mona-Josée), « Le syndicalisme : du mode d'appréhension à l'objet sociologique », *Sociologie et sociétés*, 1991, vol. XXIII, n° 2, p. 19-95.
- KELLY (John), *Rethinking Industrial Relations. Mobilization, Collectivism and Long Waves, London*, Routledge, 1998
- LEFRANC (Georges), *Essais sur les problèmes socialistes et syndicaux,* Paris, Payot, 1970.
- LOZOVSKI (A.), *Marx et les syndicats*, Paris, Bureau d'éditions, 1933.
- MARX (Karl), ENGELS (Friedrich), « *Le syndicalisme. Vol. 1 : Théorie, organisation, activité ; vol. 2 : Contenu et signification des revendications* », Paris, Maspéro, 1972.
- MOURIAUX (René), *Syndicalisme et politique*, Paris, Ed. Ouvrières, 1985.
- PERLMAN (Selig), *A Theory of the Labor Movement*, N. York, Augustus Kelley, 1970 (1ere édition 1928).
- POOLE (Michael), *Theories of Trade Unionism. A Sociology of Industrial Relations,* London, Routledge, 1981.
- REYNAUD (Jean-Daniel), *Les syndicats en France*, 2 vol., Paris, Seuil, 1975.
- SELLIER (François), *Les relations industrielles*, Paris, Puf, 1976.
- *Sociologie et sociétés*, Un syndicalisme en crise d'identité, vol. XXX, n° 2, 1998.
- TOURAINE (Alain), WIEVIORKA (Michel), DUBET (François), *Le mouvement ouvrier*, Paris, Fayard, 1984.

---

souffre d'une limite, au moins ». Si j'ai soulevé la nécessité de l'analyse comparative (temporelle), il faut plus que jamais analyser le syndicalisme d'un point de vue comparatiste dans ses dimensions internationales.

- TROTKSY (Léon), *Trade Unions in the Epoch of Imperialist Decay*, New-York, Pathfinder, 1990 (1ere edition 1941).
- WEBB (Sidney & Beatrice), *Industrial Democracy*, London, Longmans, 1989 (1ere edition 1897).

Chapitre 8

Les syndicalistes de base vus par la psychosociologie des groupes

Jean VINCENT

INRA-Grignon

Beaucoup des études s'intéressant au fonctionnement du syndicalisme local, « à la base », en France portent sur des structures importantes, qu'il s'agisse de sections d'établissement ou de syndicats départementaux. Ainsi une image répandue à ce sujet est celle d'un collectif syndical composé d'un bon nombre d'adhérents, conduit par une équipe dirigeante de militants et suivi par une partie des salariés. De plus, ce collectif est souvent étudié à l'occasion d'un conflit social : il est donc très actif avec des modalités variées et il vit une histoire, un « drame » avec un commencement, un « climax » (grève, manifestation, rassemblements...) et un dénouement (accord concluant une négociation…).

Cependant, pour nombre de syndicalistes, aucune de ces caractéristiques n'est présente : très souvent même, dans un petit établissement (petite ou moyenne entreprise, hôpital rural, mairie d'un bourg...), on ne trouve qu'un seul militant ; et sauf en cas de mesures de licenciements et/ou de fusions, aucun conflit social « chaud » n'agite l'établissement ; et donc il n'y a pas d'événement, d'action très mobilisatrice en train de se dérouler ou de se conclure. Non, le temps s'écoule de façon régulière et du point de vue de ce texte, il est seulement ponctué par des arrivées et des départs (de tel directeur, de tel militant), par les élections professionnelles (tous les deux ou quatre ans suivant les cas) et par les actions entreprises, très peu spectaculaires, et qui sont soit ponctuelles, soit de longue durée[1]. Dans quelques cas cependant, des souvenirs mémorables sont constitués par une grève ancienne.

Et donc, le syndicalisme dont nous parlons n'est pas, sauf exception, celui qui est représenté par une assemblée générale de salariés en grève ou par un défilé de manifestants ; c'est souvent celui d'un(e) syndicaliste, **seul(e) militant(e)** dans son établissement et qui, au fil des années, maintient une présence syndicale par des contacts individuels, en tête-à-tête, avec ses collègues, mais aussi en présentant une liste aux élections professionnelles et en participant aux instances paritaires. Le rôle de cette personne, identifiée le plus souvent en tant que secrétaire de section, est tout à fait décisif pour la pérennité de ces petites sections d'établissement qui ne comptent donc souvent qu'un(e) seul(e) militant(e), le (la) secrétaire, et un nombre limité de « simples » syndiqués : en effet le retrait ou le départ de ce syndicaliste signe assez souvent la disparition de la section.

Nous cherchons donc à mieux comprendre comment un (ou deux) militant(s) syndical(aux) appuyés par quelques syndiqués peuvent, en se réunissant de temps en temps pendant deux heures, maintenir la pression sur les dirigeants de son(leur) établissement qui bénéficient du pouvoir hiérarchique et de l'aide permanente de leurs collaborateurs. La question se pose surtout pour les longues périodes pendant lesquelles aucune effervescence sociale ne facilite la mobilisation des collègues salariés.

C'est en partant d'une double expérience, celle d'entretiens avec des responsables de petites sections syndicales et celle de la psychosociologie que nous proposons ce texte : quelques-uns des apports de cette discipline concernant le fonctionnement des petits groupes de pairs et en particulier le rôle de leurs responsables (dans nos cas, les secrétaires de

[1] Les actions de défense individuelle aboutissent parfois rapidement, mais d'autres durent des années.

section) seront mis en résonance avec les descriptions habituelles des fonctions de ces responsables.

Cette démarche peut conduire, semble-t-il, à fournir des moyens pour mettre en valeur des aspects souvent méconnus, du moins dans la « littérature », du travail syndical : le rôle fondamental, à la fois passionnant et ingrat, des syndicalistes de base et des petits collectifs qu'ils animent (la section) ou qui les soutiennent (le syndicat départemental), mais aussi les dimensions émotionnelles, à la fois imaginaires et symboliques, des fonctions de ces leaders et de ces groupes, fonctions qui s'articulent avec les attributions politiques ou de gestion, elles bien connues.

La première partie reprend brièvement quelques apports classiques de la psychosociologie concernant les modalités de fonctionnement et/ou d'étude de petits groupes et de leurs animateurs, leaders, meneurs...

Dans une deuxième partie, seront donc étudiées les fonctions et les tâches de ces militants de base, « animateurs » chacun d'une section syndicale dont ils sont à la fois « leaders » et souvent seuls membres actifs, la psychosociologie apportant un éclairage que nous croyons utile.

Pour nuancer ce tableau, la troisième partie vise à montrer une partie de la diversité des sections syndicales entraînant la variété des vécus et des parcours des syndicalistes ; nous parlerons de la diversité liée à la taille de la section. Il y a bien sûr d'autres causes d'hétérogénéité que nous n'aborderons pas : attitude de la direction par rapport au syndicalisme ; secteur d'activité...

I. Processus de groupe et leadership

Une des limites de la psychosociologie est d'avoir souvent négligé un facteur déterminant, à savoir le contexte social des groupes étudiés. Nous commencerons donc par illustrer ce point capital en nous appuyant sur un article classique de D. Segrestin (1980). Puis, dans la perspective des travaux de K. Lewin et de ses proches sera rappelée la distinction classique entre dimension affective et dimension opératoire dans les petits groupes et les rôles centraux du leader par rapport à ces deux registres. Enfin, nous nuancerons cette approche en introduisant une prise en compte de l'imaginaire dans les groupes telle qu'ont pu l'illustrer Bion ou Anzieu.

a) Dans l'article « *Les communautés pertinentes de l'action collective* », l'auteur effectue une synthèse provisoire des travaux de son équipe sur la dynamique des acteurs dans les processus de mobilisation militante.

L'attention portée aux conditions concrètes de l'action collective amène D. Segrestin à s'appuyer sur les écrits d'A. Oberschall (1973) étudiant le rôle de la vie sociale locale comme facteur décisif de l'émergence d'un mouvement protestataire : *« il n'y a pas de mobilisation sans intégration sociale »* (p. 173) ou plus précisément, *« l'intégration culturelle (à une communauté), n'est pas toujours un adjuvant de l'intégration économique [patronale, comme certains auteurs l'affirment] : par le biais des communautés concrètes, elle tend au contraire dans la réalité à fournir la base de la résistance à l'intégration économique et par delà celle-ci, la base de l'action collective anticapitaliste »*, (*ibid.*, p. 176). Autrement dit, plus une structure sociale locale (groupe, communauté...) sera étoffée, disposera d'une culture développée, plus elle pourra susciter des mouvements protestataires actifs face au pouvoir dominant (ici le patronat).

D. Segrestin part de cas concrets pour dresser une liste, non limitative, de trois types de *« communautés pertinentes de l'action »*, c'est-à-dire de collectivités associées à trois formes de structuration des travailleurs pouvant susciter des actions collectives : *« la communauté professionnelle »* (le lien principal est d'ordre professionnel) avec l'exemple de mouvements d'employés des grandes compagnies d'assurance, *« la communauté-groupe »* (qui se construit à travers des actions communes) avec le cas d'ouvrières d'usine et la

« communauté-société » avec celui d'une société locale en conflit avec des autorités extérieures.

Cette question mériterait bien sûr de bien plus amples développements, en particulier sur les modalités d'articulation entre l'histoire locale ou régionale, le contexte socio-économique et les formes de l'action collective. Certains psychosociologues, tel J. Maisonneuve (1990), distinguent d'ailleurs deux types de facteurs de la cohésion d'un groupe, des facteurs « sociaux », extrinsèques à ce groupe et des facteurs intrinsèques inter-individuels, les facteurs **extrinsèques** étant constitués par les « contrôles sociaux » sur lesquels nous ne reviendrons pas : contraintes légales ; dépendance hiérarchique ou fonctionnelle ; nature de la collectivité englobante ; ressources disponibles.

Reste l'idée centrale que l'action syndicale se déroule toujours dans un contexte social et organisationnel particulier, notamment celui de l'établissement et des professions concernés, et que chaque cas relève d'une analyse en grande partie spécifique.

b) La très classique distinction entre les dimensions opératoire et affective des facteurs **intrinsèques** de cohésion d'un groupe (*cf.* E. Mayo dès 1930 ; K. Lewin, 1959 ; A. Pizzorno, 1986, qui parlent de fonction constitutive de l'identité et de fonction performative ; J. Habermas, 1987, qui distingue activité communicationnelle et activité instrumentale) permet, croyons-nous, la prise en compte de la composante affective, émotionnelle, toujours très présente dans les collectifs syndicaux, mais souvent sous-évaluée, du moins par certains.

Les principaux **facteurs socio-affectifs** (*cf.* *« les investissements émotionnels »* de A. Melucci, 1980), seraient ceux qui conduisent au sentiment d'appartenance, à un « nous », à un processus d'**identification au groupe** et qui se concrétisent par des éléments « figuratifs » ou « symboliques » : vocabulaire spécifique, rites... J. Maisonneuve (1990) parle à ce sujet de *« l'attrait d'un **but** commun ; [...] vécu comme un* *projet parfois exaltant, [...] mais plus prosaïque dans les groupes institutionnels »* (p. 24), mais aussi de *« l'attrait de l'**action collective**, [...] source de satisfaction par elle-même »*, enfin de *« l'attrait de l'**appartenance au groupe** : [...] le mobile fondamental est celui de communiquer, de s'unir de quelque façon à autrui en échappant à l'anxiété de la solitude »*[1].

La relation émotionnelle de chacun des membres d'un groupe à son leader comme pôle d'identification, voire même davantage, est une dimension importante des études psychosociologiques des groupes. Observons qu'une bonne partie de nos interviewés citait cette forme d'identification comme un des facteurs de leur engagement syndical. Nous reviendrons sur cette relation dans la deuxième partie consacrée aux responsables des groupes syndicaux.

La place centrale du leader du groupe se retrouve dans les facteurs **socio-opératoires** qui seraient de deux ordres : *« la distribution et l'articulation des rôles »* et *« le mode de conduite du groupe »*. Les **rôles** se différencient dans un groupe en fonction des actions menées, de l'organisation existante et des aptitudes ou des goûts de ses membres. *« Un groupe n'est structuré que quand un système de rôles, à la fois indépendants et complémentaires, est en mesure de fonctionner »* (*ibid.*, p. 26). En particulier la **conduite du groupe**[2] et son mode de leadership sont des facteurs capitaux : *« il semble bien qu'aucune opération de productivité [matérielle ou*

---

[1] Le groupe sert aussi à *« la satisfaction de certains besoins personnels »*, nécessitant la présence d'autrui : besoins de domination, d'agressivité, de dépendance ; besoins *« cathartiques [...], désir d'exprimer ses sentiments devant autrui »* (*ibid.*) et enfin *« désir d'être reconnu, accepté »* (*ibid.*).

[2] Observons que A. PIZZORNO, par exemple, parle bien des *« réseaux de relation des acteurs »*, ce qui inclut *« les formes d'organisation, de leadership et les canaux de communication »*. Mais comme les autres auteurs consultés sur les identités collectives il n'insiste pas sur *« le rôle du leadership »* comme le fait Maisonneuve et les autres psychosociologues.

intellectuelle] ne puisse s'effectuer sans un rôle prédominant du chef ou conducteur du groupe » (*ibid.*)[1].

Au total, nous observons une convergence forte entre les travaux des psychologues sociaux et les principales caractéristiques des identités collectives (par exemple, d'après A. Melucci). Cependant, avec les auteurs cités jusqu'ici, nous avons été beaucoup plus descriptifs qu'interprétatifs (*« quel est le sens du vécu collectif pour les participants ? »*, interroge A. Melucci, *ibid.*) et nous avons juxtaposé sans les articuler les dimensions fonctionnelles et opératoires. Essayons de répondre à ces deux questions.

d) **Sur les fondements affectifs des liens collectifs** certains travaux de psychanalystes[2] sont éclairants, notamment pour mieux comprendre les situations relationnelles qui sont les plus émotionnelles, voire les moins rationnelles : il s'agit notamment d'écrits de M. Klein repris par E. Jaques (1965), de J.W. Bion (1965), de D. Anzieu (1984) et de R. Kaes (1994)[3].

Pour résumer, on peut dire que l'hypothèse fondamentale commune est que l'adulte placé dans un groupe se trouve dans une position qui réactiverait certains émotions primaires, cette situation offrant des similitudes avec le cadre d'interaction de l'enfant et de sa mère. J. W. Bion parle de trois *« présupposés de base »* en tant que *« schémas mentaux*

---

[1] J. Maisonneuve nuance ensuite son propos : la fonction de leadership pourrait se *« diffuser en quelque sorte au sein du groupe qui peut alors parvenir à un état d'auto-régulation »*. Mais il ne développe pas cet aspect.

[2] S. FREUD, en particulier dans *« Psychologie collective et analyse de soi »* (1921), fondait les liens interpersonnels sur des phénomènes affectifs concernant aussi bien les relations sociales (la psychologie collective) que la dimension intrapsychique (la psychologie individuelle).

[3] Dans ce qui suit, nous utilisons surtout BLANCHET (A.) et TROGNON (A.), *La psychologie des groupes*, Paris, Ed. Nathan, 1994.

collectifs (group mentality) » (J. Maisonneuve, p. 73), fondés sur une fantasmatisation inconsciente créatrice de représentations et de sentiments conscients qui seraient communs aux membres du groupe. La tonalité émotionnelle de tout groupe serait un mélange variable avec le temps de ces « présupposés ». L'influence relative de ceux-ci, le plus souvent inconscients, sur la démarche rationnelle du groupe serait aussi changeante avec le déroulement des réunions du groupe.

Les deux premiers présupposés de base celui de dépendance et celui de couplage, correspondent aux angoisses fondamentales identifiées par M. Klein, le troisième relèverait d'un fantasme originel très précoce : c'est le présupposé d'attaque-fuite.

Le présupposé de **dépendance** est relié à une mentalité habitée par l'angoisse dépressive, fondée sur la culpabilité vis-à-vis d'un « objet maternel » intériorisé sous la forme de l'absence et de la frustration. La dépendance se traduit par de la passivité et la soumission au chef.

Le présupposé de **couplage** est en relation avec une angoisse sous-jacente de morcellement. Les membres des groupes dominés par ce genre de fantasme s'en défendent en formant des couples ou des sous-groupes et en donnant une tonalité fraternelle ou riche d'espoir à leurs réunions. Assez proche de ce schéma groupal, serait celui approfondi par D. Anzieu à propos de l'«illusion groupale ». Celle-ci serait un système défensif visant à protéger les identités individuelles menacées par les fantasmes archaïques d'éclatement ou de dévoration réveillés par la situation de groupe et par l'anxiété de persécution liée aux mauvais objets intériorisés. Ces défenses procéderaient surtout par idéalisation et clivage : image d'un « nous » communautaire, esprit de corps, idéologie d'égalité, narcissisme collectif dominent tandis que la négativité projetée à l'extérieur transforme les groupes voisins semblables en mauvais objets privilégiés [1].

Le présupposé d'**attaque-fuite** peut être associé à l'angoisse de persécution face à un objet imaginaire double et contradictoire, à la fois bon et présent, mais aussi mauvais et absent. Les groupes soumis à ce présupposé développent des conflits internes et surtout externes. Les situations de domination-soumission y sont très présentes.

Et donc, pour ces auteurs, comme l'a écrit D. Anzieu : *« entre le groupe et la réalité, entre le groupe et le leader, il y a autre chose que des rapports entre des forces réelles, il y a primitivement une relation imaginaire »* (cité par J. Maisonneuve, p. 77). Le groupe est défini comme *« le lien de fomentation des images »* (*ibid.*), fortement chargées d'affects.

II. Les fonctions du militant et la création de liens sociaux

Les principales tâches du syndicaliste « local » sont de préparer des élections professionnelles, de défendre les dossiers individuels et les revendications collectives, de faire vivre un réseau complexe de relations. Cependant, dans le sillage de D. Mothé (1973), on a pu établir une liste des quatre « fonctions » du militant : en tant que « délégué », mot souvent employé pour le désigner, il parle au nom des autres salariés en particulier dans les négociations avec la direction de l'établissement, mais aussi il « recadre » leurs dires dans la stratégie de sa fédération

---

[1] Soulignons aussi qu'un groupe est presque toujours au contact d'autres **groupes similaires** (*out groups*). Evoquons avec J. Maisonneuve (*ibid.)* et A. BLANCHET, A. TROGNON (1994) les conclusions des recherches célèbres de Sheriff et Sheriff de 1979. *« Elles montrent [...] que lorsque deux groupes doués de cohésion sont maintenus à la fois dans un état de ségrégation et de voisinage, ils tendent à développer des relations d'hostilité croissante, apparemment sous l'influence de modèles culturels de style concurrentiels et compétitifs »* (J. MAISONNEUVE, *ibid.*, p. 36). Ceci est bien sûr illustré par les tensions souvent fortes entre sections syndicales rivales d'un même établissement.

syndicale ou de sa confédération (**porte-parole**). De plus, il a un rôle de « facilitateur », d'**animateur de groupe** facilitant les échanges entre collègues et leur participation aux actions syndicales. Et puis le syndicaliste contribue beaucoup à la « production » d'idées, de décisions, de tactiques dans les réunions ou les entretiens auxquels il participe (« **analyste** » de situation). Enfin, il « administre » au jour le jour sa section ou son syndicat (**gestionnaire**).

Dans ces quatre fonctions, on retrouve à chaque fois les dimensions émotionnelle et opérationnelle combinées de manière différente : pour chacune, les deux dimensions coexistent, mais la composante affective serait dominante pour les fonctions de porte-parole et d'animateur alors que ce serait la dimension opérationnelle pour celles d'analyse des situations et de gestion.

En effet l'expression **«porte-parole»** correspondrait à toutes les missions de communication, d'information et de négociation du militant, que ce soit en relation avec les salariés et avec les autres syndicalistes de l'établissement, avec la direction et avec les structures du syndicat, mais nous y incluons aussi l'aspect *«tribun»* de D. Mothé (1973) auprès des collègues avec le charisme, la dimension d'identification réciproque qu'elle contient[1].

La fonction de « **facilitateur** » ou d'animateur peu directif, très étudiée par les psychosociologues, vise à faciliter la participation et l'implication des membres du groupe aux délibérations et aux décisions. Inspirée des pédagogies actives, elle conduit le « leader » du groupe à organiser les discussions et les décisions collectives en adoptant lui-même une attitude ouverte, non-directive sur le contenu du débat, et en intervenant surtout pour aider à l'écoute mutuelle et au travail collectif

[1] Selon D. Mothé, le type idéal du *«tribun»* ne concerne que les relations des militants avec les autres salariés.

(clarification des objectifs, reformulation des points d'accords et de désaccords...)[1].

Le terme **«analyste»** (de l'analyse à l'action) vise toute la démarche d'étude de problème qui permet au militant soit de préparer une négociation sur un dossier particulier, soit de participer à l'élaboration d'une politique revendicative, soit de décider (en principe collectivement) d'une action. Dans tous ces cas, mais à des niveaux d'objets et de complexité différents, il s'agit d'examiner une situation méthodiquement en se guidant sur des principes d'action : les priorités de la politique revendicative syndicale, mais aussi l'état des rapports de force, la législation existante...

Cette démarche classique du type analyse de problème et de prise de décision (cf. les étapes «voir, juger, agir») sert donc à guider l'action. Elle permet également, et c'est au moins aussi important, de donner un sens pour les collègues et pour soi à ce qui arrive : de le nommer et de le situer par rapport à un cadre d'analyse par rapport à une vision du monde et par rapport à l'histoire de l'établissement ou de la section syndicale[2].

Le rôle de **« gestionnaire »** correspond à toutes les activités d'organisation concrète et de gestion ou

---

[1] Ce rôle de facilitation, d'organisation des échanges verbaux, correspond assez étroitement au rôle « concertatif » décrit par D. Mothé. Mais celui-ci ne le situe pas sur le même plan que les autres fonctions du militant (porte-parole, « analyste », gestionnaire). Pour cet auteur, autant ces trois-là sont effectivement remplies, autant ce rôle « concertatif » serait de l'ordre du projet souhaitable valable pour l'avenir. Enfin, nous avons situé dans le cadre de cette fonction d'animation le rôle de « reproduction ». En effet, n'est-ce pas en « faisant faire » ou en facilitant les prises de conscience et les actions des autres qu'on peut susciter de nouveaux militants et assurer ainsi la « reproduction » du syndicat ?

[2] Le «doctrinaire» de D. Mothé serait un cas particulier de cet «analyste», celui où le cadre de référence utilisé est explicitement relié à une doctrine ou à une idéologie (réformiste, marxiste, socialiste ou anarchiste).

d'administration supposées par l'action syndicale. Ceci ne concerne pas seulement les relations internes de la section, mais aussi les actions revendicatives. Mais nous ne situons pas dans cette rubrique «organisation» les actions concernant le renouvellement des militants : «repérage des nouveaux militants», «formation syndicale» et «développement» (*cf.* ci-dessus la fonction de « facilitation »).

Le secrétaire de section a donc bien un rôle multiforme et essentiel : porte-parole, organisateur, analyste des situations, développeur de son syndicat. A l'interface entre les syndiqués et les salariés, la direction et les autres syndicats au sein de l'établissement ou de l'entreprise, il est aussi l'intermédiaire entre son établissement et son syndicat (en tant que confédération, fédération et syndicat départemental). Enfin le secrétaire est de façon plus ou moins affirmée un pôle d'identification : c'est lui qui donne corps, existence à la section ; il est l'image de cette section, il la « représente » dans les deux sens du terme, comme figuration, signifiant et pas seulement comme délégué d'autrui, et il joue assez fréquemment un rôle de modèle, illustrant les conduites que chacun aimerait avoir : s'opposer au patron ; aider les collègues en difficulté ; les réunir ; prendre sur son temps.

III. La diversité des sections et de leur organisation

La diversité des sections syndicales au sein d'une même fédération ou d'un même syndicat peut être considérable : telle « petite section » correspondra à un militant secrétaire de la section avec quelques adhérents et ceci, soit dans un établissement dominé sur le plan syndical par un syndicat d'une autre confédération, soit dans un organisme sans aucune autre présence syndicale ; et telle grande section comptera plusieurs centaines d'adhérents, plusieurs dizaines d'élus et de militants avec un permanent secrétaire de la section ; ce sera par exemple le cas dans telle grosse mairie (*cf.* ci-dessous).

Notre propos est donc de distinguer les différents types de sections en essayant à chaque fois, à partir d'exemples, d'examiner dans quelle mesure et comment un acteur syndical autonome peut exister et se développer ou survivre. Il s'agit en particulier d'identifier les conditions permettant cette survie et cette action syndicale.

Distinguons deux catégories en se basant sur le facteur structurel décisif pour l'activité et la pérennité d'une section, à savoir le nombre et l'organisation de ses militants (la division du travail existant entre eux) : la première classe est celle des petites sections comptant un seul militant actif, son « secrétaire », et moins d'une dizaine d'adhérents[1]; la deuxième est celle des moyennes et grandes sections, disposant d'une équipe de militants et ayant une ou plusieurs dizaines d'adhérents. Le seuil indiqué, un peu imprécis, nous paraît être, d'après nos interviews, celui qui distingue les sections vraiment fragiles (le secrétaire n'est pas soutenu par une équipe locale et son départ éventuel suscite une crise, son remplacement est difficile, parfois impossible) et où l'aide du syndicat départemental est le plus souvent fondamentale.[2]

---

[1] On peut remarquer qu'effectif des militants et effectif des adhérents sont souvent liés, souvent mais pas toujours : certaines sections anciennes ne comptent que des militants, par exemple, dans le cas où ceux-ci ne souhaitent pas faire adhérer des salariés, « dont il faudrait s'occuper » ; à l'inverse certaines sections récemment créées, grâce à un développeur extérieur à l'établissement, comptent peu ou pas de militants. Un ratio d'un militant pour dix adhérents serait un ordre de grandeur très approximatif. Comme on l'a vu ailleurs (PIOTET (Françoise) *et al.*, 1994), il n'y a pas de définition univoque du militant syndical.

[2] Un deuxième seuil entre moyennes et grandes sections pourrait être aussi envisagé. Il distinguerait des sections de taille intermédiaire (10 à 30 adhérents) et disposant d'une équipe de militants ayant sa vie autonome, mais pour lesquels des problèmes de succession de secrétaire peuvent se poser et se posent souvent. Au contraire, les grandes sections au-delà de ce seuil ont des effectifs de militants assez nombreux pour être assurées de leur stabilité et elles sont souvent à elles seules, aussi ou plus importantes que l'ensemble des autres sections de leur syndicat départemental. Elles existent dans quelques grands établissements.

- La première catégorie est celle des **petites sections** :

Le secrétaire de section assume à peu près toutes les tâches militantes (sauf que certains salariés, adhérents ou non, acceptent de siéger dans les instances, mais sans prendre d'initiative) : soit le secrétaire est le seul adhérent, soit quelques salariés sont aussi syndiqués. Celui-ci est éventuellement épaulé sur place par quelques collègues (souvent des élus) qui n'apportent un appui limité que parce que le secrétaire a accepté d'occuper la position de responsable de la section.

Le secrétaire utilise son énergie et son temps disponible (ses heures de délégation plus des heures de bénévolat) à maintenir une vie syndicale dans sa section (préparer les élections, réunir les élus qui siègent dans les instances paritaires, défendre des salariés sur tel ou tel problème individuel ou collectif, garder le contact avec le syndicat...). Il n'a souvent pas de successeur : son retrait ou son départ peut signifier l'effacement de la section et la perte des adhérents (pas tous, grâce au PAC -Paiement Automatisé des Cotisations-, aux journaux, au syndicat qui permettent de conserver des adhérents isolés). Le rôle du syndicat départemental et de ses réunions de responsables de section peut être capital dans le maintien de l'activité de ces militants (et donc de ces sections).

Parmi les petites sections, des variantes assez nombreuses existent. Beaucoup sont liées à l'aspect dynamique de situations locales qui évoluent souvent rapidement. Par exemple, il y a la section qui démarre (ou redémarre ou se maintient) et qui ne peut s'appuyer que sur un militant. Par exemple, la section de Marc est typique d'une section autrefois florissante qui avait vu ses responsables se désengager et la laisser s'endormir. Marc a permis à cette section de redémarrer et ceci en grande partie grâce au soutien d'une section active d'une ville voisine et à l'appui d'un permanent du syndicat. *« Quand on a adhéré ici* [il y a trois ans], *j'ai été pendant, entre six mois à un an, le seul adhérent « vrai » à payer les cotisations sur l'hôpital. Maintenant on est quinze ! »* (p. 61), pour un hôpital de mille salariés.

On trouve aussi assez souvent des sections petites ou moyennes dans de grands établissements (grosses entreprises, mairies de grandes villes, centres hospitaliers importants). Ceci correspond fréquemment au fait que face à un autre syndicat très bien implanté, la petite section (d'une autre confédération) n'a pu faire des adhérents que dans certains services particuliers[1] : son potentiel d'adhérents se limite donc à, disons, une ou deux centaines de salariés (ceux de ces services-là), alors que le personnel de l'établissement se compte en milliers. De plus les salariés ne se syndiquent guère à une organisation qui a peu de pouvoir dans les instances paritaires. La progression de la petite section est souvent liée à l'affaiblissement ou à l'effondrement du syndicat majoritaire[2].

- La deuxième catégorie est celle des **moyennes et grandes sections** qui sont chacune pilotées par une équipe de militants :

Une **section moyenne** est donc une section comptant au moins une dizaine d'adhérents et plusieurs militants formant un petit groupe. Le secrétaire a souvent un rôle de coordination et de relation avec la direction mais aussi avec le syndicat et il est fréquemment, comme dans les petites sections, le «bon à tout faire», le bouche-trou. Les quelques autres militants ont chacun des fonctions plus précises et plus limitées de représentation (les élus), d'organisation ou d'information. On pourrait ainsi imaginer que chaque section syndicale est à l'image de celle de Raoul, un groupe solide, amical et structuré :

> *« Nous étions au niveau de la section un groupe très soudé, nous étions cinq militants qui ont pris des responsabilités. Des cinq, il n'y en a qu'un seul qui ait quitté le groupe, un autre l'a remplacé. Et ce groupe*

---

[1] Les personnels d'une catégorie (les aides-soignants) ou d'un service (service entretien, les crèches,...) adhèrent très souvent en majorité au même syndicat (FO ou CGT ou CFDT).

[2] Ceci peut provenir de dissensions internes dans la section d'établissement ou d'un conflit entre la section et le syndicat, etc. ; le départ d'un directeur soutenant ce syndicat peut aussi intervenir.

continue à gérer la section sans difficulté avec un certain nombre de personnes qui gravitent autour de ces cinq personnes. Il y a une complémentarité entre nous avec ceux qui sont... De nous cinq, il y a un réfléchi, il y a un négociateur, il y a celui qui va écrire, celui [qui] va rassembler, il y a un [...]. Il y a une bonne complémentarité entre nous cinq ».

Mais comme nous l'avons déjà observé, l'existence d'un groupe syndical sur le lieu de travail est loin d'être général : Marc se sent localement assez isolé malgré l'existence d'une quinzaine d'adhérents ; c'est aussi le cas de bien des interviewés : la section de Monique est aussi une section « moyenne » : *« on était une équipe de cinq, six [syndicalistes] ; on s'est retrouvé »* et avec une trentaine d'adhérents dans un hôpital de 550 salariés. La section a failli disparaître lorsque l'ancienne secrétaire, une infirmière, est partie travailler en *« libéral »* (comme infirmière avec un statut de travailleur indépendant) et que *« plus rien ne fonctionnait »*. Mais Monique a accepté de prendre le rôle de secrétaire de section alors qu'elle n'était jusqu'alors que membre élue du CHSCT[1] : *« J'ai dit, je veux bien, je serai un peu responsable de l'équipe ; mais je veux absolument qu'on ait un travail d'équipe [...]. J'ai dit, je veux bien, mais s'il faut rencontrer la direction, moi je suis quand même assez limitée ».*

Les grandes sections, très rares, sont des sections comptant plus de trente adhérents et jusqu'à plusieurs centaines de ceux-ci et une à plusieurs dizaines de militants avec parfois un permanent. L'organisation et la division des tâches y sont alors poussées. Prenons l'exemple d'une section dans la mairie d'une ville importante. Cette section compte 350 adhérents, un conseil syndical de 55 personnes qui est l'organe décisionnel et un bureau (exécutif) de 12 membres. Les membres du conseil syndical représentent les différents services ou secteurs de la Mairie (voirie, crèches, écoles ; secteurs culturel, administratif ;

[1] CHSCT : Comité d'Hygiène, de Sécurité et des Conditions de Travail.

assistantes maternelles...). Ces « militants de base » de chaque secteur ont un rôle de liaison entre la section syndicale et les adhérents (ou les salariés) et ils sont souvent élus du personnel dans telle ou telle instance paritaire.

Les membres du bureau ont chacun à la fois des responsabilités fonctionnelles et de secteur. Ainsi un militant, salarié dans le service de l'urbanisme s'est spécialisé dans la formation professionnelle, le CHSCT et l'Interprofessionnel. Il s'occupe aussi du secteur « cadres de la catégorie B » (cadres moyens). Un autre est responsable des dossiers de défense individuelle (juridique) et du secteur des assistantes maternelles, tout en étant secrétaire de la section. Un troisième est en charge du développement et de la formation syndicale. Un quatrième s'occupe du secteur « voirie » et des questions d'habillement du personnel. Les membres du bureau assurent donc aussi dans leur secteur les tâches d'un membre de Conseil Syndical. Enfin il y a des militants qui ne sont ni au Conseil Syndical, ni élus mais qui participent à la vie de la section (réunions, information des adhérents...).

Conclusion

Ainsi, le militant, en particulier le secrétaire de section, est quelqu'un qui crée du **lien social**, des relations entre les gens à commencer par ses collègues. Alors qu'on pourrait imaginer d'autres solutions (des duos, des collectifs, une responsabilité tournante), l'existence d'un responsable durable semble générale. Cela s'explique pour des raisons relevant d'abord du symbolique (dans le sens de « ce qui fait loi ») : dans nos sociétés et notamment pour ce qui relève du « monde civique[1]», le modèle habituel, le cadre standard, est celui de la délégation personnelle à telle personne choisie ou élue et cela est entériné par les règles d'organisation de la section syndicale (le nom du secrétaire est déclaré à la direction de l'établissement). Dans le domaine imaginaire la section

[1] Selon BOLTANSKI (Luc), THEVENOT (Laurent), *De la justification. Les économies de la grandeur*, Paris, Ed. Gallimard, 1991, pp. 137-150 et pp. 231-241.

n'existe dans l'esprit des gens qui en font partie (et même pour les autres) que si quelqu'un en est chargé et la réunit au sens propre et au sens figuré. Enfin, dans le registre de l'action, il est nécessaire qu'un responsable, le secrétaire, accepte d'organiser les relations, bénévoles et nombreuses, que suppose l'existence d'une section syndicale.

Ce texte, focalisé sur le (la) secrétaire de section, n'a pas étudié un type important de groupe syndical de base : le syndicat départemental. Les réunions de ce dernier permettent aux militants isolés de se retrouver entre pairs, de se coordonner et de garder un lien avec leur fédération et leur confédération. Malgré leur légèreté (un permanent, une réunion mensuelle ou bimensuelle des représentants d'une dizaine de sections), ces structures départementales ont ainsi un rôle tout à fait important dans la survie ou le renouvellement syndical[1]. Les réunions du syndicat sont l'occasion de débattre des *« branches professionnelles, de leurs négociations, de leurs revendications, [...] de la vie de la Fédération »*, mais deux enjeux, qui visent à soutenir les sections et leurs responsables tout en renforçant le syndicat, semblent dominants. Il s'agit :

a) de permettre aux délégués de se rencontrer et de raconter leurs actions : *« chacun parle à son tour et raconte ce qu'il fait [...]. Ceux qui n'ont pas parlé se sentent frustrés »* (déjà cité) ;

b) d'aider les sections à s'organiser et à se développer en renforçant les moyens du syndicat à cet effet.

Bien des syndicalistes parlent des **réunions syndicales et des conversations entre militants** et ils en soulignent le rôle en particulier quand ils en sont privés : l'arrêt des réunions

---

[1] Affirmer ceci, c'est adopter à ce sujet un point de vue différent du principal auteur français ayant traité de cette question, TIXIER (Pierre-Eric), 1992, qui cherche à montrer l'affaiblissement de la CFDT dans les années 70-80, ce qui est certain, mais en mettant en cause ses structures locales ou surtout régionales, ce qui nous semble en partie discutable.

signifie la fin de la section et de la vie syndicale[1]. Sur ce point, rappelons une observation étudiée par certains psychologues sociaux : les innovateurs, isolés dans leur milieu habituel, soutiennent beaucoup mieux et plus facilement leur rôle de déviants s'ils ont la possibilité de partager leur expérience entre pairs dans des réunions périodiques. Celles-ci ont un double effet : opérationnel et émotionnel. Sur le plan opérationnel, elles permettent d'enrichir les connaissances de chacun qui peut s'inspirer des expériences des autres. Sur le plan émotionnel et même identitaire, ces réunions renforcent l'adhésion aux valeurs communes et les identifications mutuelles entre « innovateurs » (ici entre syndicalistes) ; elles permettent à leurs participants de maintenir leur attitude de minoritaires actifs dans leur milieu professionnel habituel, peu porteur ou même plutôt hostile. Dans une section importante, le groupe militant de celle-ci joue un rôle collectif analogue à celui réalisé par le syndicat départemental pour les petites sections et chaque militant du conseil ou du bureau, qui est responsable de l'animation d'un secteur d'activité ou d'une catégorie de personnel, se trouve dans une position un peu semblable à celle d'un secrétaire d'une petite section.

Par ailleurs, les observations réalisées soulignent le fait que les trajectoires des militants dépendent fortement des **situations** dans lesquelles ils évoluent. Ceci permet d'éviter de parler d'un syndicaliste en soi existant en dehors de son contexte : ainsi un militant à la tête d'une petite section fragile aura moins d'atouts pour faire une carrière syndicale qu'un responsable d'une grosse section et sa conception du militantisme sera en général beaucoup plus « artisanale ». Et, c'est seulement dans le cas de ces petites sections que la vie et la survie de la présence syndicale sont souvent suspendues à l'action d'une personne, le secrétaire de section.

---

[1] L'importance de la rencontre et des échanges verbaux des militants des sections semble incomplètement perçue par une responsable (la secrétaire du syndicat Interco étudiée ci-dessus) qui regrette la longueur du tour de table sur les actions de chaque section).

L'image de soi comme syndicaliste est différente selon l'importance de sa section. Tout d'abord les militants responsables de section ont un vécu différent dans les petites et dans les grandes sections : dans celles-ci, la division du travail, la spécialisation des militants entraîne une organisation de type professionnel, voire technocratique qui a peu à voir avec le bricolage « amateur » du secrétaire isolé de la petite section. Il nous semble que ce dernier a alors pour référence son expérience domestique, associative ou amicale quand il réunit ses syndiqués ou ses sympathisants, quand il gère ses cotisations et ses dépenses ou quand il entreprend une protestation. Et nous ne suivons pas complètement des auteurs (comme R. Sainsaulieu) quand, restant dans le cadre de la sociologie du travail, ils recherchent les modèles d'organisation syndicale uniquement dans ceux du travail professionnel. Ceux-ci ont certainement une grande importance mais ne concernent que des relations hiérarchisées et n'apportent aucun modèle vécu de conduites bénévoles et/ou protestataires. Au contraire, les **activités domestiques** au sens large (famille, loisirs, vie conviviale) ont une assez grande proximité, tant au niveau des valeurs qu'au niveau des activités ou des compétences mobilisées avec la conduite ou la participation à une petite section syndicale.

Bibliographie de l'article

- ANZIEU (Dominique), *Le groupe et l'inconscient*, Paris, Dunod, 1984
- BION (W.R.), *Recherches sur les petits groupes*, Paris, PUF, 1965
- BLANCHET (A), TROGNON (A.), *La psychologie des groupes*, Paris, Nathan, 1994
- BOLTANSKI (Luc) THEVENOT (Laurent), *De la justification. Les économies de la grandeur*, Gallimard, 1991
- JAQUES (E), « Des systèmes sociaux comme défenses contre l'anxiété dépressive et l'anxiété de persécution », pp. 546-565, *in* LEVY (A.), *Psychologie sociale. Textes fondamentaux*, Paris, Dunod, 1972 (1ère éd. : 1955),

- KAES (Raymond), *La parole et le lien. Processus associatifs dans les groupes*, Paris, Dunod, 1994
- LEWIN (K.), *Psychologie dynamique*, Paris, PUF, 1959
- MAISONNEUVE (Jacques), *La dynamique des groupes*, Paris, PUF, 1990, 9e éd. (1ère éd. : 1968).
- MELUCCI (A), « The New Social Movements : a Theoretical Approach », *Social Science Information*, 1980, 19, pp. 199-226.
- MOTHE (Daniel), *Le métier de militant*, Paris, Le Seuil, 1973
- OBERSCHALL (A), *Social Conflit and Social Movements*, Englewood Cliffs, Prentice Hall, 1973.
- PIOTET (Françoise), *et al*, *Le développement de la syndicalisation à la CFDT*, Paris, CESTE, 1994
- PIOTET (Françoise), dir., *La révolution des métiers,* Paris, PUF, 2002.
- PIZZORNO (A.), « Sur la rationalité du choix démocratique », *in* BIRNBAUM (Pierre), LECA (Jean), *Sur l'individualisme*, Paris, FNSP, 1986, pp. 330-360.
- SEGRESTIN (Denis), « Les communautés pertinentes de l'action collective », *Revue française de sociologie*, 1980, XXI, pp. 171-203.
- TIXIER (Pierre-Eric), *Mutation ou déclin du syndicalisme ? Le cas de la CFDT*, Paris, PUF, 1992
- VINCENT (Jean), « Les approches explicatives du militantisme syndical », *Revue internationale de psychosociologie*, n° 4, juin 1996, pp 21-48.
- VINCENT (Jean), « Processus de l'engagement militant comme passage de la sphère individuelle privée à l'action collective (publique) », *Revue internationale de psychosociologie*, 2000, vol. VI, n° 15, pp 85-93.

Bibliographie complémentaire

- *Agora Espace Jeunesse,* « L'engagement syndical et associatif des jeunes », Paris, L'Harmattan, 2003, n° 31.
- ANDRIEUX (André), LIGNON (J), *Le militant syndicaliste d'aujourd'hui*, Rapport d'une enquête menée avec le concours du CNRS, Paris, Denoël, 1973.

- BOURDET (Yvon) *Qu'est-ce qui fait courir les militants ? Analyse sociologique des motivations et des comportements*, Paris, Stock, 1976.

- BADER (R.), *La mission. L'intérêt symbolique du renoncement militant*, Thèse de doctorat en sociologie, Strasbourg, 1990.

- CAIRE (Guy), « Du militantisme syndical », *Revue française des affaires sociales*, 1980, vol. 34, n° 3, juil-sept, pp.79-123.

- CHOUVIER (B.), *Militance et inconscient. Les fondements psychologiques*, Lyon, PUL, 1982.

- CHAZEL (François), sous la direction de, *Action collective et mouvements sociaux*, Paris, PUF, 1993.

- CONTREPOIS (Sylvie), *Syndicats, la nouvelle donne*, Paris, Syllepse, 2003.

- CORCUFF (Philippe), *Constructions du mouvement ouvrier. Activités cognitives, pratiques unificatrices et conflits dans un syndicat de cheminots*, Thèse de doctorat en sociologie politique, Paris, EHESS, 1990.

- CORREIA (Mario), *Les mobiles des trajectoires individuelles. Du jugement sur la justice à l'acquisition d'une nouvelle légitimité sociale*, Thèse de doctorat en sociologie, Paris, CNAM, 1994.

- FILLIEULE (Olivier), PECHU (Cécile), *Lutter ensemble. Les théories de l'action collective*, Paris, L'Harmattan, 1993.

- GAMSON (William), « Le legs de Goffman à la sociologie politique», *Politix*, n°3/4, 1984, pp. 71-80.

- GURR (T.), *Why Men Rebel*, Princeton, Princeton University Press.1970.

- ION (Jacques), dir., 2001, *L'engagement au pluriel,* Publications. de l'Université de Saint-Etienne, 2001

- TOZZI (Michel), *Militer autrement*, Lyon, Ed. Chroniques Sociales, 1985.

- UBBIALI (Georges), *La professionnalisation des directions syndicales à la CGT et à la CFDT. Eléments pour une socio-histoire,* Thèse de doctorat, Paris I, 1997.

- VINCENT (Jean), *Etude de processus de socialisation : l'engagement syndical de militants des années 80-90*, Thèse de doctorat, Univ. Paris VII, 1997.
- WIEVIORKA (Michel), dir., *Raisons et convictions, l'engagement,* Paris, Textuel., 1998.

Postface

René MOURIAUX

Politologue

« *Je ne sépare plus l'idée d'un temple de celle de son édification* », Paul Valéry, *Eupalinos*, *in* Œuvres, tome 2, La Pléiade, p. 83.

L'Institut d'Histoire Contemporaine de l'Université de Bourgogne a tenu une journée de réflexion interdisciplinaire en décembre 2001 sur le thème « Le syndicalisme face aux sciences sociales ». Tirant profit des discussions, les contributions ont été réécrites et aboutissent à un ouvrage particulièrement stimulant sur l'état de la recherche dans le domaine de la « syndicalogie ». Le terme, forgé en 1995, à l'instar de « syndicalo-agricole » ou « syndicalo-politique » recensés par *Le Trésor de la Langue Française*, traduisait la volonté de faire reconnaître la légitimité des études consacrées aux organisations professionnelles des salariés, comme en 1945 Gaston Bouthoul avait lancé la « polémologie », disparue avec lui.

Ecrivant le dernier, le postfacier doit se garder de polémiquer avec les contributeurs puisque ceux-ci n'auront pas la possibilité de répondre dans l'ouvrage. Avant de tenter de formaliser trois réflexions sur la portée de son apport, je voudrais néanmoins exprimer un regret. Huit disciplines ont été convoquées à Dijon. Vincent Chambarlhac et Georges Ubbiali s'en expliquent dans leur propos liminaire. Dans sa matérialité, la vie intellectuelle est assujettie à l'obligation de choisir. Avec le reproche, souvent formulé, lors des soutenances de thèse : trop long sur le bien connu, trop elliptique sur le propos original. Bref, le lit de Procuste. En l'occurrence, l'entrée par le vocabulaire, nécessaire pour l'étude de la communication dont l'importance s'est accrue avec la diffusion de l'informatique, aide à contrebalancer l'approche utilitariste en mettant en évidence le symbolique et le dialogisme[1] propre à l'univers syndical. De surcroît, les orientations contemporaines de la recherche invitent au comparatisme européen, pour favoriser une dialectique de l'en soi et du pour soi fort étrangère à Michel Foucault. La prise en compte du grain des mots est tout aussi nécessaire que celle du génome des choses[2]. *Trade Union, Gewerkschaftsbund* se traduisent de manière approximative par syndicat. « Comité d'entreprise européen » est une dénomination trompeuse. Il s'agit d'une instance d'information, instrument utile et expressif du social à l'échelle européenne, et de consultation épisodique.

I. Distinguer, décloisonner, confronter

Considérer le syndicalisme des salariés –celui des autres groupes sociaux est écarté sans interrogation sur les conséquences de cette approche, de cette réduction du champ d'élaboration et de réflexion pour flirter avec le vocabulaire husserlien –ouvre sur au moins cinq grandes questions : les grands clivages théoriques, la pertinence des disciplines, la signification des thématiques, le pluralisme des méthodes et la moriologie[3].

L'établissement de ce tableau aide à formuler les interrogations principales que suscite le colloque de Dijon. Commençons par les plus brèves et tout d'abord celle concernant les méthodes.

---

[1] Pour Mikhail Bakhtine, l'interaction verbale constitue la réalité fondamentale de la langue

[2] Une critique de *Les mots et les choses*, *in* VILAR (Pierre), *Une histoire en construction*, Paris, Gallimard-Le Seuil, 1982, p. 247-264.

[3] Le terme de moriologie a été forgé par Pierre Pellegrin pour désigner l'étude des parties ou composantes d'un objet. *Cf.* ARISTOTE, *La politique*, traduction de Pierre Pellegrin, Paris, GF-Flammarion, 1990, p. 74.

Théories	Thématique	Disciplines	Méthodes	Moriologie
Individualisme méthodologique Pragmatisme Positivisme Marxisme, etc.	Mobilisation des ressources Construction identitaire Régulation	Histoire Droit Economie Sociologie Science politique etc.	Dépouillement archivistique Etude de presse Questionnaire Entretien Observation participante etc.	Syndicalisables et syndiqués Structures organisation-nelles Droits Pratiques Idéologie

Georges Ubbiali est le seul à pointer le sujet. Il constate l'absence d'originalité de la sociologie en ce domaine et s'interroge sur les modélisations mathématiques. Un représentant du courant bourdieusien n'aurait pas manqué de critiquer l'usage du sondage en science politique. En dehors de cette mise en cause[1], la période affiche le pragmatisme. Tel logiciel est retenu pour sa commodité. Le point est brièvement indiqué avant d'en venir aux résultats. Ainsi, Luc Boltanski et Eve Chiappelo choisissent Prospéro© pour étudier les textes de management exposant notamment la conception moderne des relations professionnelles, sans s'interroger sur les effets cognitifs du dispositif établi par Francis Chateauraynaud et Jean Pierre Charrier[2]. De même, Elodie Bethoux utilise Alceste pour l'analyse des accords instituant des comités d'entreprise européens, parce qu'il ferait apparaître « a posteriori, sans grille d'analyse ou catégories initiales » la parenté entre documents[3]. Nous serions tentés de dire que la maîtrise contemporaine des techniques diversifiées et sophistiquées s'accompagne d'un quiétisme épistémologique.

---

[1] Une fine attention à l'interaction entre observateur et observé se trouve dans le travail de Franck Poupeau. POUPEAU (Franck), *Confrontations scolaires et ordre social. Les enseignants de Seine-Saint-Denis en grève*, Paris, Syllepse, 2004, 229 p. Le constat effectué ici ne vaut pas que pour les études syndicales.

[2] BOLTANSKI (Luc), CHIAPELLO (Eve), *Le nouvel esprit du capitalisme*, Paris, Gallimard, 1999, p. 651-652.

[3] BETHOUX (Elodie), « Les comités d'entreprise européens en quête de légitimité », *Travail et emploi*, n° 98, avril 2004, p. 26.

L'approche par la moriologie indiquée par Georges Ubbiali incite à envisager toutes les disciplines qui traitent à l'occasion de tel ou tel aspect du syndicalisme : les lieux, les pratiques, les acteurs, les structures organisationnelles, le discours auxquels il faut ajouter les partenaires (l'Etat, le patronat, les partis politiques, les associations). Sans développer ce point qui pourrait s'appeler « veille disciplinaire », il convient de signaler les apports de la sociologie de l'éducation (les qualifications) souvent négligée par les syndicologues, comme ceux du Groupe de recherche sur les militants associatifs animé par Francis Lebon, Geneviève Poujol, Françoise Tétard et le Groupe d'études et de recherches sur le mouvement étudiant dont Robi Morder assure le secrétariat. Si la bibliographie exhaustive relève de l'impossible, du moins convient-il de promouvoir une interrogation large sur le savoir disponible, pour mieux assurer les conseils de lecture. Le vocabulaire est toujours parlant. Ce qui doit être lu –le gérondif du verbe latin *legere* (lire) –donne légende en français.

La troisième question porte sur la pertinence du découpage disciplinaire. Le pluriel des sciences sociales succède à celui des « sciences morales et politiques » qu'une des Académies sise quai Conti entend étudier. La classification retenue par l'Université et par le CNRS n'a pas de rationalité intrinsèque. Principalement issue du droit (Maurice Duverger), de l'histoire (René Rémond) et des lettres (Jean Touchard), la science politique a de la peine à se distinguer de la sociologie (qu'elle soit électorale, administrative ou autrement restreinte). Si leur concours, les logiques sociales des corps conduisent à marquer les territoires, la démarche intellectuelle la plus pertinente incite à décloisonner. En partant de l'hypothèse que le phénomène syndical, à l'instar de toute réalité humaine, est un phénomène total, il possède une multiplicité de dimensions qui, dans l'analyse, sont approchées de manière distincte mais ne doivent pas être isolées mais reliées. Plusieurs perspectives s'offrent alors. Pour une part, l'histoire me semble être la science sociale fédératrice en raison de l'historicité intrinsèque de l'homme[1].

A l'opposé de la quête d'une intelligence d'ensemble du mouvement historique, la spécialisation du savoir pousse à l'affirmation de sous disciplines comme les relations professionnelles[2] ou des thématiques comme la mobilisation des ressources, la construction identitaire ou les structures d'opportunité, le néo-corporatisme. Le maquis des écoles et l'enchevêtrement des problématiques sectorielles ne sont compréhensibles que si l'on fait intervenir les clivages théoriques et les stratégies de distinction. Guy Caire montre bien que l'invocation d'une science économique est un mythe redoutable. Des paradigmes sont en concurrence sui ne sont pas sans rapport ave les affrontements existants dans la société en général. Patrick Cingolani montre de manière pertinente que le positivisme d'Emile Durkheim œuvre pour une une république stabilisant les rapports sociaux[3]. Dans la période contemporaine, le libéralisme principalement énoncé dans l'individualisme méthodologique diffuse ses catégories d'analyse. Il s'insurge devant les questionnements de l'école de Pierre Bourdieu, peu présente il est vrai, dans l'étude du syndicalisme. Le marxisme est stigmatisé. Au printemps 2004, il est possible d'entendre au CNU qu'« il faut en finir avec le marxisme » ou à une sous-commission de la commission 40 du CNRS qu'une candidature est à écarter parce qu'elle relève de la « radicalité ». Il serait fastidieux de répertorier les

---

[1] BEROUD (Sophie), MOURIAUX (René), Continuités et évolution dans les modalités de la conflictualité sociale, *in* DENIS (Jean-Michel), dir., *Le conflit dans les rapports de travail. Une catégorie pertinente ?*, Noisy-Le-Grand, GIP-MIS, 2003, p. 235-246. Faut-il parler de science architectonique comme Aristote le faisait pour la science politique à l'égard de l'ensemble des sciences pratiques ? (*Cf.* CRUBELLIER (Michel), PELLEGRIN (Pierre*), Aristote. La philosophie et le savant*, Paris, Seuil, 2002, p. 185).

[2] Ou industrielles. Sur l'histoire du vocabulaire français, *cf.* WEISS (Dimitri), *Relations industrielles*, Paris, Sirey, 1980, 2e ed. , p. 13-24.

[3] CINGOLANI (Patrick), *La république, les sociologues et la question politique*. Paris, La Dispute, 2003, 170 p.

occultations dans les bibliographies des travaux marxistes sur le syndicalisme ou des références frelatées (le document multigraphié et non le livre imprimé). La science progresse par la confrontation. Il faut saluer l'initiative de Pierre Cours-Salies et Michel Vakaloulis mettant ensemble un tourainien, un bourdivin et des marxistes « critiques » pour débattre des mobilisations collectives[1]. Pas de vaches sacrées dans l'Université et pas davantage d'intouchables, d'exclusion idéologique[2]. Et puisque nous sommes en république, un peu de fraternité dans les échanges[3]

II. Les facteurs de dévalorisation

Le Centre d'histoire du syndicalisme est devenu après 1968 Centre d'histoire des mouvements sociaux et du syndicalisme (CHMSS) et finalement à l'aube du XXIe siècle le Centre d'histoire sociale du XXe siècle. Les recherches sur la relation entre l'action syndicale et le niveau des salaires ont quasiment disparues. Le recul des études syndicales en science politique, bien cerné dans la communication de Sophie Béroud, repose sur la conviction que l'objet a perdu de son importance.

De manière simplifiée sinon simplificatrice, Michel Winock désigne la période 1944-1980 comme « les années Sartre »[4] et s'interroge sur « la fin des intellectuels ». Et l'historien d'énoncer une évidence de la pensée contemporaine : « l'horizon de nos sociétés n'est plus la révolution

---

1 COURS-SALIES (Pierre), VAKALOULIS (Michel), *Les mobilisations collectives. Une controverse sociologique*, Paris, Puf, 2003, 117 p. Marxiste critique devrait être un pléonasme. MOURIAUX (René), *Karl Marx : l'émancipation par le dépassement du capitalisme*, 2003, 15 pages sur www.ihs.cgt.fr. Lucien Sève propose de remplacer marxisme par « pensée-Marx ».

2 SEVE (Lucien), *Penser avec Marx aujourd'hui. Tome 1. Marx et nous*, Paris, La Dispute, 2004, p. 7-94.

3 CASTEL–BOUCHOUKI (Anissa), « Castoriadis, lecteur de *Politique* de Platon », *Droits*, 2000, n° 31, p. 117.

4 WINOCK (Michel), *Le siècle des intellectuels*, Paris, Seuil, 1999, p. 487-754.

prométhéenne du prolétariat, porteuse de la société sans classe, mais l'établissement en profondeur de la démocratie »[1]. A partir d'une expérience irrécusable, l'échec de l'URSS qui mettait en œuvre un travestissement du projet marxien[2], deux évidences se sont imposées. Tout d'abord, le travail a cessé d'être structurant des sociétés post-industrielles. Ensuite, avec la disparition des classes sociales qui résulterait de ce premier constat, l'histoire n'a plus d'autre tâche que d'approfondir le libéralisme. Le dogmatisme de ces propositions s'apparente à celui qui proclamait l'esclavage indépassable ou le droit à l'emploi une chimère. Jamais le capital n'a atteint une telle concentration. Les chercheurs tenant à analyser la société contemporaine à partir d'une lecture agonistique ne sont pas sans biscuit.

Chômage de masse, précarité de l'emploi, extension de la pauvreté, les tares du capitalisme contemporain n'échappent pas à Stephane Hessel, Pierre Larrouturou et Michel[3]. Elles sont d'autant plus inacceptables que la productivité du travail a crû de manière considérable et que les capacités techniques sont fabuleuses. Envisager un autre monde relève du raisonnable.

Le mouvement social du printemps 2003[4] suscité par la contre-réforme des retraites conduite par François Fillon a confirmé l'existence en France d'une opposition intellectuelle et laborale à l'hégémonie du libéralisme économique. Une certaine revitalisation du syndicalisme que Lowell Turner, professeur de science politique à Cornell University d'Ithaca constate aux Etat-Unis[5] se produit également en France. Elle bute sur trois problèmes principaux. Reporter sur la perversité de l'adversaire et le malheur du temps les difficultés du syndicalisme revient à s'aveugler soi-même.

---

[1] *Id.* p. 772.
[2] Comme l'a bien établi Moshé Lewin.
[3] HESSEL (Stéphane), LARROUTUROU (Pierre), ROCARD (Michel), Cinq critères pour l'Europe sociale, *Le Monde*, 9 juin 2004.
[4] BEROUD (Sophie), MOURIAUX (René), *L'année sociale 2003-2004*, Paris, Syllepse, 2004, 366 p.
[5] TURNER (Lowell), *Emerging Reform Coalition in the World's Only Superpower*, Ithaca, SIRL Cornell University, 2004, 21 p.

Le premier défi réside dans la syndicalisation. Avec 9% d'adhérents, l'ensemble du mouvement syndical français est confronté à une perte de substance. Les PME sont une véritable zone désertique. La destruction des anciens « bastions » n'a pas été compensée par une percée chez les techniciens, les atypiques, les précaires. S'implanter relève de l'obligation pour tous les courants. Après le trou de la génération Mitterrand, la conquête de la jeunesse est une question de survie.

En second lieu, le syndicalisme du XXIe siècle attirera dès lors qu'il aura un projet. En des termes parfois discutables, Michel Noblecourt s'interroge sur la nécessité de « réenchanter le syndicalisme »[1]. A coup sûr, sa renaissance passe par la sortie de la défensive, de la dénonciation incantatoire ou du ralliement au libéralisme pour avancer des solutions qui lui soient propres aux grands problèmes de l'économie. Le point signifie l'autonomisation à l'égard des partis politiques, sans écarter de possibles et souhaitables convergences. La régénérescence de la gauche partidaire est le corollaire de l'une redynamisation syndicale.

Enfin, plus facile à dire qu'à réaliser, le mouvement syndical est convié à l'unité[2]. Les salariés l'interrogent sans se priver de jouer avec la proportionnelle lors des élections professionnelles. CGT, CFDT, FO, CFTC, UNSA appartiennent toutes cinq à la CES et ne se retrouvent pas sur la réforme des retraites ou de l'assurance maladie.

Dévalués, les syndicats ne le sont pas seulement parce que le collectif, le conflictuel sont dépréciés mais aussi parce qu'ils sont minoritaires, défensifs, divisés.

---

[1] NOBLECOURT (Michel), Réenchanter le syndicalisme, *Le Monde*, 4 juin, 2004.

[2] Inévitablement sommaire, ces quelques lignes sur la dévalorisation objective du syndicalisme ne sauraient traiter de la déstalinisation de la CGT.

III. Discours savants et savoirs militants

Dans un travail de 1980 sur la construction de l'opinion publique, Eric Landowski proposait un schéma des relations entre les acteurs politiques au sens large et les sciences sociales.

Carré sémiotique[1]

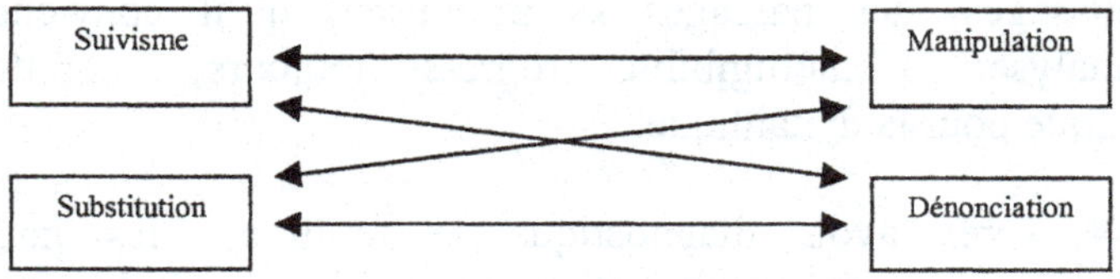

La première attitude du syndicalisme face aux sciences sociales traduit un sentiment d'infériorité à l'égard de ceux qui savent. Les sondages sont parfois considérés de manière a-critique. La notion de Français ou de salarié est ontologisé, les pourcentages absolutisés.

Un rapport utilitariste s'affirme fréquemment. Avec un humour un peu tangent, Gilbert Declerq ne disait-il pas « Les chercheurs, c'est comme les cochons, ils aident à trouver les truffes ». L'instrumentalisation peut aller jusqu'à l'altération de la vérité, en matière d'effectifs ou sur des points d'histoire.

La dénonciation des sciences sociales par les syndicalistes s'opère sur différents registres. Le savoir universitaire est déprécié en raison de sa banalité, de son intellectualisme ou de son caractère anti-ouvrier. Riche de son expérience, le mouvement syndical convoque son propre savoir qui entend se substituer à celui des spécialistes. Une formule comme « la journée de mobilisation du 22 juin (2004) avec tous les acteurs qui souhaitent une réforme plus juste et plus équitable (de l'assurance maladie) donne à nos exigences un écho que les

---

[1] LANDOWSKI (Eric), *L'opinion publique et ses porte-parole*, Document de recherche, GRS, n° 12, 1980, 35 p.

députés et les sénateurs devront entendre (éditorial *Syndicalisme Hebdo*, 17 juin 2004, n° 2986) repose sur la proposition « nous autres CFDT avons la bonne conception de la réforme ».

L'approche structurale de la relation syndicat/sciences sociales offre l'avantage d'indiquer les positions extrêmes. Elle risque d'accréditer l'évidence de deux cultures séparées. Des métissages, des passages se produisent qu'il conviendrait d'analyser[1]. L'intelligibilité progresse toujours de quitte la statique pour la dynamique.

Après avoir diagnostiqué le repli sur les intérêts individuels, Pierre Rosanvallon perçoit le réveil du citoyen actif[2]. « Revenir aux luttes » propose *Agone*[3], ce qui signifie aussi « le retour des classes sociales »[4]. Qu'il soit permis à un chercheur toujours attentif aux conflits, à la dissymétrie du rapport salarial d'inviter à la pratique de la dialectique ouverte par Heraclite et si exceptionnellement formulé par Georg Wilhelm Friedrich Hegel, lecteur du *Neveu de Rameau* : « *Je suis le combat car un combat est justement un conflit qui ne consiste pas dans* l'indifférence mutuelle des deux antagonistes, *mais au contraire dans le fait* qu'ils sont liés ensemble. *Je ne suis pas seulement* l'un *de ceux qui sont engagés dans le combat mais je suis les deux combattants*, je suis le combat *lui-même. Je suis l'eau et le feu qui entrent en contact, je suis le contact et l'unité des choses qui se repoussent l'une l'autre. Ce combat est précisément lui-même une relation double et*

---

[1] HAMMAN (Philippe), MEON (Jean-Matthieu), VERRIER (Benoît), dir., *Discours savants, discours militants : mélange des genres*, Paris, L'Harmattan, 2002, 318 p.

[2] ROSANVALLON (Pierre), Le mythe du citoyen passif, *Le Monde*, 20-21 juin 2004.

[3] *Agone*, Revenir aux luttes, n° 26-27, 2002, 354 p.

[4] BOUFARTIGUE (Paul), *Le retour des classes sociales. Inégalités, dominations, conflits*, Paris, La Dispute, 2004, 286 p.

conflictuelle, la relation de ce qui tantôt se divise et se dédouble, tantôt se réconcilie et se réunit avec soi-même »[1]

[1] D'HONDT (Jacques), *Hegel. Textes et débats*, Paris, GF, 1984, p. 7. Considérer que *La logique* constitue un livre majeur ne signifie pas en rester à cette version religieuse de la dialectique.

Auteurs

- **Beroud Sophie,** ***politiste***

Maître de conférences en science politique
Faculté de Droit et de Science politique
Université Lumière Lyon II
Campus Berges du Rhône
74, rue Pasteur
Bât Clio
69 365 Lyon Cedex 07
sophie.beroud@univ-lyon2.fr

- **Caire Guy,** ***économiste***

Professeur émérite, Paris X Nanterre
8 allée des Gardes Royales
78 000 Versailles
guy.caire@libertysurf.fr

- **Chambarlhac Vincent,** ***historien***

Docteur, chargé de cours
IHC-UMR 56605
Université de Bourgogne
4 Boulevard Gabriel
21 000 Dijon
v.chambarlhac@wanadoo.fr

- **Gerome Noëlle,** ***ethnologue***

Chargé de recherches
UMR CNRS 306
Musée national des ATP
6 Avenue du Mahatma Gandhi
75 116 Paris

- **Paquelin Stéphane,** ***historien***

Doctorant, chargé de cours
IHC-UMR 56605
Université de Bourgogne
4 Boulevard Gabriel
21 000 Dijon
s.paquelin@caramail.com

- **PIERSON Françoise,** ***gestionnaire***
Maître de conférences en gestion
Université de Franche-Comté
UFR Droit
Avenue de l'Observatoire
25 000 Besançon
francoise.pierson@univ-fcomte.fr

- **SOUBIRAN-PAILLET Francine,** ***juriste***
Chargé de recherches
Ecole Normale Supérieure
1 rue du Président Wilson
94 230 Cachan
lenoel@gip-recherche-justice.fr

- **UBBIALI Georges,** ***sociologue***
Maître de conférences en sociologie
IHC-UMR 56605
Université de Bourgogne
4 Boulevard Gabriel
21 000 Dijon
georges.ubbiali@u-bourgogne.fr

- **VINCENT Jean,** ***psychosociologue***
Maître de conférences en sociologie
INA Paris-Grignon
16 rue Claude Bernard
75 231 Paris Cedex 05
jean.vincent@inapg.inra.fr

- **WOLIKOW Serge,** ***historien***
Professeur d'histoire
IHC-UMR 56605
Université de Bourgogne
4 Boulevard Gabriel
21 000 Dijon
serge.wolikow@u-bourgogne.fr

Logiques sociales à l'Harmattan

DEUX FACETTES DU R.M.A (REVENU MINIMUM D'ACTIVITÉ)
Y a-t-il réellement une alternative pour les "laissés-pour-compte"?
TROEST PETERSON Hanne
Pour prendre en charge les personnes sans emploi, certains pays créent des dispositifs de prise en charge de ces "laissés-pour-compte". Dans ce livre, l'auteur s'intéresse au dispositif danois, dominé par des institutions publiques alors qu'en France, ce sont les associations qui prennent en charge le dispositif. Dans ces deux pays, l'aide attribuée aux pauvres est accordée sous condition de fournir une contrepartie, plaçant l'individu dans une logique d'échange. Est-ce que ces programmes de traitement de la pauvreté sont efficaces ? Correspondent-ils aux besoins des allocataires ?
(Coll. Logiques sociales, 20,50 €, 232 p) *ISBN 2-7475-6479-7*

SOIGNER LES MAL-SOIGNÉS. Ethnologie d'un Centre de soins gratuits
FERREIRA Jacqueline. Préface de Sylvie FAINZANG
En faisant l'étude d'un Centre de soins gratuits de Médecins du Monde destiné aux personnes en situation de précarité, ce travail a apporté une attention soutenue au fonctionnement de cette institution, aux pratiques de soins, au vécu des personnes concernées et à la relation thérapeutique qui s'instaure dans ce Centre. En même temps l'auteur aborde des thématiques comme l'expression de la souffrance et de la douleur, l'humanitaire, le bénévolat, l'exclusion, thématiques essentielles en anthropologie médicale et plus généralement en anthropologie sociale.
(Coll. Logiques Sociales, 31 €, 388 p) *ISBN 2-7475-7186-6*

CLASSES DIRIGEANTES ET UNIVERSITÉS DANS LA MONDIALISATION
GUILLON Roland
L'université française est une institution qui prétend assumer une pluralité de fonctions dont la lisibilité est de moins en moins évidente. Produit de divers projets émanant des classes dirigeantes, elle est soumise à des tensions. De tels projets et tensions sont inscrits aujourd'hui dans une dynamique - la globalisation - dont l'échelle et la nature des pouvoirs sont sans précédent. Aussi la globalisation remet-elle en cause ce fondement sociétal essentiel qu'est toute division sociale du travail durable et universelle. L'auteur revient sur les rapports qu'on t les classes dirigeantes françaises avec l'université.
(Coll. Logiques Sociales, 12 €, 124 p) *ISBN 2-7475-7491-1*

L'ENSEIGNEMENT AGRICOLE EN FRANCE
CARDI François
De tous les enseignements, l'enseignement agricole est le plus méconnu. Il figure parmi les plus anciens des enseignements techniques et développe des liens particuliers avec la "profession" agricole et les tissus économiques locaux. Il se caractérise par sa souplesse et sa capacité d'innovation pédagogique. Cet ouvrage interroge les évolutions institutionnelles, scolaires et politiques qui, à partir de 1981, ont bouleversé le paysage de la formation agricole en annonçant l'émergence "d'espaces de formation".
(Coll. Logiques sociales, 22 €, 264 p) *ISBN 2-7475-6659-5*

INITIATIVE INDIVIDUELLE ET FORMATION
Contributions de la recherche, état des pratiques et étude bibliographique
BERTON Fabienne, CORREIA Mario, LESPESSAILLES Corinne, MAILLEBOUIS Madeleine
L'interrogation sur l'initiative de l'individu dans la demande de formation n'est pas une interrogation courante. Le sens commun considère implicitement que l'individu est favorable avec le fait de suivre une formation qui ne peut que lui être bénéfique. Les thèses sur l'évolution du travail accordent à priori un rôle central à l'individu et à ses capacités d'initiative : acteur de sa formation, entrepreneur de lui-même ... quelle que soit sa situation. Derrière ces discours, il semble pourtant que l'initiative individuelle soit souvent encadrée quand elle n'est pas niée ou imposée.
(Coll. Logiques Sociales, 26 €, 290 p) *ISBN 2-7475-7275-7*

L'ÊTRE ET LE CODE
Le procès de production d'un ensemble précapitaliste
CLOUSCARD MICHEL
Bien que loué par Jankelevitch et Sartre, "l'être et le code" se vit opposer dès sa parution en 1973 un mutisme hargneux de la nouvelle intelligentsia soixante-huitarde. Aujourd'hui réédité, "l'être et le code" raconte une histoire de France inédite qui fait apparaître les refondations politiques méconnues et leurs enjeux spirituels ignorés. Rechercher le sens de l'histoire, passer de l'univers du vieux monde à celui de la praxis.
(Coll. Logiques Sociales, 49 €, 595 p) *ISBN 2-7475-5530-5*

LE MALAISE DES SOIGNANTS
Le travail sous pression à l'hôpital
SAINSAULIEU Ivan
Le malaise hospitalier est désormais célèbre. L'auteur a souhaité le comprendre, en plongeant dans la vie des services. Les infirmières, les médecins et même les chefs d'établissement ont profité de l'occasion pour dire ce qu'ils avaient sur le coeur. Ni nantis, ni protégés, ni saints, les personnels hospitaliers apparaissent sous leur vrai jour, confrontés au stress et à l'impatience des usagers que nous sommes, à la vieillesse qui domine notre pyramide d'âge, à la logique de rentabilité qui fait accélérer le travail, à la solitude face à la mort, au besoin de fraternité dans les rapports humains.
(Coll. Logiques sociales, 21 €, 238 p) *ISBN 2-7475-5620-4*

ARTS DU CIRQUE
Esthétiques et évaluation
ROSEMBERG Julien
Depuis dix ans environ, le cirque connaît une nouvelle médiatisation. Il semble remporter petit à petit, la bataille pour l'obtention d'une légitimité artistique qui n'aurait pas même été envisageable il y a encore vingt-cinq ans. Ce changement traduit des évolutions tant du point de vue des concepteurs que de celui des récepteurs des œuvres. A partir ce de constat, il est apparu intéressant d'analyser les regards qui évaluent les œuvres.
(Coll. Logiques sociales, 22,20 €, 266 p) *ISBN 2-7475-6906-3*

LA CHANSON RÉALISTE. Sociologie d'un genre
DUTHEIL PESSIN Catherine
De Bruant à Piaf, la chanson réaliste a déroulé ses couplets lancinants, ses mélodrames de faubourgs et ses ambiances noires. Un siècle de chansons cristallisant l'âme d'une époque, une sensibilité qui prend la forme d'une plainte portée presque toujours par des voix de femmes. Premières formes de la chanson réaliste, les goualantes de la fin du XIX siècle à Paris reprises par Bruant constituent la première étape de la construction d'une mythologie des bas-fonds dans la chanson.
(Coll. Logiques sociales, 28,50 €, 342 p) *ISBN 2-7475-7173-4*

LES NON-PUBLICS. Les arts en réception
Tome I
ANCEL Pascale, PESSIN Alain
Sous la direction de Pascale ANCEL et Alain PESSIN
Les statistiques de la sociologie de la culture estiment que seule une minorité de la population serait touchée directement par les manifestations actuelles de l'art. Mais il semble que l'on doive renoncer à une stricte opposition entre publics et non-publics: observer des reproductions de tableaux dans la vitrine d'une boutique, découvrir des chefs-d'oeuvres comme support publicitaire dans les pages d'un magazine... sont autant de situations de la vie courante par lesquelles la culture légitime fait l'objet d'une diffusion, d'une actualisation et d'une appropriation par un public occasionnel peu impliqué
(Coll. Logiques sociales, 23 €, 274 p) *ISBN 2-7475-6082-1*

LES NON-PUBLICS. Les arts en réceptions
Tome II
Sous la direction de Pascale ANCEL et Alain PESSIN
Les statistiques de la sociologie de la culture estiment que seule une minorité de la population serait touchée directement par les manifestations actuelles de l'art. Mais il semble que l'on doive renoncer à une stricte opposition entre publics et non-publics: observer des reproductions de tableaux dans la vitrine d'une boutique, découvrir des chefs-d'oeuvres comme support publicitaire dans les pages d'un magazine... sont autant de situations de la vie courante par lesquelles la culture légitime fait l'objet d'une diffusion, d'une actualisation et d'une appropriation par un public occasionnel peu impliqué.
(Coll. Logiques sociales, 27 €, 324 p) *ISBN 2-7475-6083-X*

PROFESSION MUSICIEN : UN "DON", UN HÉRITAGE, UN PROJET ?
PAPADOPOULOS Kaliopoulos
Comment la séparation entre exécutant et compositeur, virtuose et génie s'est-elle formalisée ? Où la croyance dans le "don" musical trouve-t-elle son fondement. Quels sont les processus d'incorporation de la profession de musicien interprète ? Qui devient musicien professionnel en France ? Ce livre discute des conditions sociales de la production des musiciens et de leurs enjeux.
(Coll. Logiques sociales, 24 €, 282 p) *ISBN 2-7475-5948-3*

SENTIMENTS DOUX-AMERS DANS LES MUSIQUES DU MONDE
Délectations moroses dans le blues, fado, tango, flamenco, rebetiko, p'ansori, ghazal...
sous la direction de DEMEULDRE MICHEL
Blues, morna, fado, flamenco, tango, rebetiko, sevdalinka, p'ansori, ghazal, enka, magyar nota, doina, amane, arabesk,...autant de styles de musiques, réputés pour l'émotion qu'ils peuvent susciter. Le trouble provoqué par cette émotion est conceptualisé et nuancé différemment selon les cultures : blues, saudade, yannik, kaiho, kaimos, han, dor, dert, tezzeta, duende, tarab, kanashi,...Un livre essentiel sur les variations du sentiment triste dans les musiques du monde et leur chansons populaires.
(Coll. Logiques Sociales. Musique et champ social., 32 €, 334 p) ISBN 2-7475-6290-5

L'IMPLICATION DES JOURNALISTES DANS LE PHÉNOMÈNE LE PEN
Volume 1
LE BOHEC Jacques
Résultat d'une recherche empirique à base d'entretiens, d'observations et d'analyses de contenu, cet ouvrage établit que certains journalistes sont impliqués dans le phénomène Le Pen, ce qui contredit un de leurs mythes professionnels, celui de l'extériorité par rapport au réel. L'auteur met en évidence leur contribution involontaire aux succès électoraux du Front National, effet contre-productif des actions souvent menées afin de le remarginaliser d'urgence. Ces journalistes ne sont cependant pas les seuls acteurs sociaux en apparence extérieurs à avoir participé à la sociogenèse du phénomène.
(Coll. Logiques sociales, 27 €, 322 p) ISBN 2-7475-7020-7

LES INTERACTIONS ENTRE LES JOURNALISTES ET J.-M. LE PEN
Volume 2
LE BOHEC Jacques
Les interactions entre les journalistes et Jean-Marie Le Pen sont souvent conflictuelles. Cette observation est étayée par de multiples échanges spectaculaires dans les médias audiovisuels, mais aussi par des dénonciations morales et politiques réciproques, des procès intentés par les uns et les autres, des reportages sensationnalistes révélant les faces cachées du Front national, etc. Mais bizarrement, on observe quand même des rencontres récurrentes. Cet ouvrage met au jour les structures de cette interdépendance entre les protagonistes.
(Coll. Logiques Sociales, 29 €, 350 p) ISBN 2-7475-7021-5

INTERVENTIONS SOCIALES, COMMUNICATION ET MÉDIAS
L'émergence du sociomédiatique
MEYER Vincent
Montrer les souffrances physiques et sociales des individus et manifester, dans l'espace public, les "bonnes actions" pour y répondre demandent plus que jamais une maîtrise des outils et des techniques de communication. Mais peut-on produire de la solidarité comme on produit une émission de télévision ? La vision médiatique des souffrances bouleverse-t-elle notre croyance dans la réalité du malheur d'autrui ? L'auteur analyse l'émergence progressive, depuis la fin des années quatre-vingt, de différentes pratiques communicationnelles dans le champ du social en France.
(Coll. Logiques sociales, 21 €, 244 p) ISBN 2-7475-6157-7

587433 - Novembre 2014
Achevé d'imprimer par

1livre.com
du rêve à la réalité !

Made in United States
North Haven, CT
04 November 2026

21760278R00114